今こそ知りたい！

三権分立

③ 司法権ってなんだろう

監修／山根祥利（山根法律総合事務所）
著／平塚晶人（新東京総合法律事務所）
編／こどもくらぶ

あすなろ書房

はじめに

2015年6月、「選挙権（選挙で投票する権利）」を得られる年齢が、戦後でははじめて引き下げられるという大きな出来事がありました。これまで「20歳以上」だったのが、高校生をふくむ「18歳以上」が、衆議院議員選挙（衆院選）や参議院議員選挙（参院選）などで投票できるようになったのです。2016年7月には、18歳以上としてから初となる、国政選挙（参院選）がおこなわれました。

選挙権年齢の引き下げをきっかけに、小中学校でも政治や選挙のしくみをくわしく教えたり、選挙権をもつ「有権者」としての責任をしっかり教育したりしようとする学校がふえています。

しかし実は、選挙制度には「1票の格差」という不平等が生じています。「1票の格差」とは、主に衆院選や参院選において選挙区ごとの人口に大きな差があるせいで、有権者が投じる1票の価値に差ができることをいいます。日本の最高法規である日本国憲法では、第14条1項で「法の下の平等」を定めています。ところが、この1票の格差が大きくなり、「法の下の平等」に反するほどになっているのです。

近年、最高裁判所（最高裁）は、2009年の衆院選をはじめ、参院選をあわせた合計5回について、「法の下の平等」に反しているとして、1票の格差が「憲法違反の状態（違憲状態）」にあるとの判断を下すようになっています。

最高裁が「違憲」とすると、国が定めた法律であっても、内閣総理大臣が下した命令であっても、効力を失うことになっています。ただし選挙の場合、選挙を無効とすると大きな混乱が生じます。そこで、今のところは「違憲」までふみこまず、「違憲状態」という「違憲」の一歩手前の判断にとどまっているのです。違憲状態の場合、選挙制度の改善は必要であるものの、選挙自体はやりなおさなくてもよいということになっています。

選挙制度を改善するのは、国会の仕事です。ところが

2009年以降も、1票の格差は充分に解消されてきませんでした。このままでは、最高裁は有権者の権利を守るために、「選挙のやり直し」を命じる可能性も出てきています。

このように最高裁が強い権力をもっているのには、わけがあります。
　人は、権力をにぎると、好き勝手にふるまって権力をもたない人たちを支配し、苦しめることがあります。そこで日本では、権力を一つのところに集中させず分散させて、権力同士がたがいに監視しあうことで好き勝手をさせないしくみをとっているのです。日本国憲法が定める権力には、国会がもつ「立法権」、内閣がもつ「行政権」、最高裁を頂点とする裁判所がもつ「司法権」の三つがあります。この三権がたがいにチェックしあうしくみが、「三権分立」です。
　最高裁と国会の「1票の格差」をめぐる権力関係は、このチェック機能の一例です。

日本国憲法はさまざまなことを定めていますが、それらの多くは国民の権利を守るためにあるものです。憲法とは、権力者が好き勝手をして国民の権利をないがしろにしないように、国民が権力者に「これだけは守れ」と命令しているものなのです。これは、立法主義の考えにたつものです。
　それでは、どうやって権力者に憲法を守らせるのか？そのために欠かせないシステムが、三権分立です。ですから私たちは、日本国憲法や三権分立のしくみについてしっかり学んでおかなくてはなりません。

このシリーズでは、1巻ごとに三権について、それぞれどのような権力をもっているのかくわしくみていきます。

❶ 立法権ってなんだろう
❷ 行政権ってなんだろう
❸ 司法権ってなんだろう

もくじ

はじめに …………………………………… 2
この本の使い方 …………………………… 5

パート1　司法権の役割

1. 「司法」ってなんだろう …………………… 6
2. 法の支配 …………………………………… 8
3. 基本的人権の尊重 ………………………… 10
4. 日本国憲法で保障される人権 …………… 12
5. 人権が制限される場合 …………………… 14
6. 社会全体の利益との調整 ………………… 16
7. 犯罪被疑者の人権を守る ………………… 18
8. 違憲立法審査権 …………………………… 20

パート2　裁判所と裁判官

1. 裁判所の組織 ……………………………… 22
2. 裁判官の役割 ……………………………… 24
3. 裁判の公正を守るしくみ ………………… 26

パート3　裁判のしくみ

1. 刑事裁判がはじまるまで ………………… 28
2. 刑事裁判のしくみ ………………………… 30
3. 刑罰の種類 ………………………………… 32
4. 裁判員裁判 ………………………………… 34
5. 民事裁判のしくみ ………………………… 36
6. 家庭裁判所の役割 ………………………… 38

パート4　見学！最高裁判所

・最高裁判所庁舎 …………………………… 40
・大法廷・小法廷 …………………………… 42
・大ホール・『椿咲く丘』の像・
　『正義』の像・図書館 …………………… 44
・見学！赤れんが棟 ………………………… 46
・**世界の最高裁判所** ……………………… 48

資料編

①本文で登場する日本国憲法条文 ……… 49
②用語集 …………………………………… 52
　さくいん ………………………………… 54

この本の使い方

この本では、巻の内容を4つのパートに分けてくわしく解説しています。各パートごとに通し番号がついています。

見出し
この見開き、またはページでとりあげるテーマです。

もっとくわしく
この見開き、またはページの内容に関して、さらにふみこんだ内容をのせています。

青字
文中で青字になっている言葉は、巻末の用語解説ページでくわしく解説しています。

関連する条文
この見開き、またはページの内容に関連する日本国憲法条文*です。ここにあげた条文は、資料編にのっています。

資料編ページ
本文に出てくる内容に関連する条文や、本文の文中で青字になっていた用語解説のページです。

*日本国憲法の条文では第1項に「1」の番号はふられていませんが、この本ではわかりやすくするために「1項」と表記しています。

パート1　司法権の役割

1 「司法」ってなんだろう

「司法」とは、憲法で保障された国民の権利を守ることをいいます。司法は、法律を用いて紛争を解決します。

国民のあいだの紛争の解決

人が社会生活を営むと、かならず紛争（争いごと）が起こります。

> ①ある人が、別の人にお金を貸した。期限までに返してくれないので、貸した人が催促すると、「あのお金はもらったはずです」と主張した。

このようなことも「紛争」といいます。こうした紛争は、どうやって解決すればよいのでしょう。

紛争を話しあいで解決できない場合、国民は裁判を起こすことができます 第32条。裁判所は、紛争の当事者の言い分を聞き、証拠を調べたり、証人をよんで話を聞いたりして、最終的に法律を適用して紛争を解決するための判断をくだします。これが、司法の使命であり、紛争を解決するということなのです。

もっとくわしく　司法権を行使する機関

日本国憲法では第76条1項に、司法権を行使する機関が裁判所であることを定めている。これは、日本では「法律を用いて、紛争を解決し、憲法で保障された国民の権利を守ることができるのは、裁判所だけだ」ということを意味している。

公権力がかかわる紛争解決とは

紛争は、国民と国民のあいだで起きるものばかりではありません。

> ②ある市が道路の新設を計画した。ところが、その計画は、ある人の家の敷地にかかっているため、市は、その人に立ち退きを求めた。しかし、その人は立ち退きを拒否した。

これは、国民と「公権力（国または地方公共団体が国民に対してもつ権力のこと）」とのあいだで起こった紛争です。むずかしい言い方をすると、公権力と、日本国憲法第29条1項が保障する国民の財産権が対立して起こった紛争ということになります。

さらに紛争は、公権力と公権力のあいだでも生じます。たとえば沖縄県名護市の辺野古沖米軍基地建設問題では、沖縄県がおこなった埋め立て承認の効力をめぐって、国と沖縄県（公権力同士）のあいだで紛争が起こりました。

これらのような、公権力が関係する紛争の解決も、裁判所が司法権を行使して解決します。

> 紛争といってもいろいろあるんだなぁ。

沖縄県の辺野古沖米軍基地移設をめぐり、国が翁長雄志知事を相手どった訴訟は、最高裁判所まで争われた（最高裁判所第2小法廷）。

写真：共同通信社／ユニフォトプレス

これも司法権

　裁判所には、左ページに記した紛争の解決のほかにも、犯罪をおこなったと疑われる人（被疑者、→P18）について、有罪か無罪かを判断する役割があります。有罪の場合は、刑罰の内容を決めます。

　また、三権分立における違憲立法審査権（→P20）を行使するという役割もあります。

判決には強制力がある

　裁判所は、判決（裁判官の判断）を「言いっぱなし」にはしません。判決にしたがわない人に対し、判決の内容通りに紛争を解決することを強制します。これを、判決の「執行力」といいます。

　左ページ①の裁判で、借りた100万円を返せという判決を受けた人が、それにしたがわない場合は、裁判所は、その人の財産をとりあげて、お金にかえて、貸した人にわたします。

　②の裁判で裁判所が道路の新設計画をみとめた場合は、立ち退きを強制し、その一方で、市に、土地の持ち主へ補償金を払わせます。また、犯罪被告人（→P23）に有罪判決を出した場合、その人を刑務所へ収容します。また、罰金を払わせます。

判決には強い力があるのね。

2 法の支配

司法権は、すべて法律を適用することによって行使されます。法律がなければ、司法権は、行使できません。

事実を認定し法律を適用する

裁判でもっとも大切なことは、事実がどのようなものであったかを判断する作業です。これを「事実認定」といいます。

裁判官は、紛争や犯罪について証拠となる書面や物を調べたり、当事者や証人から話を聞いたりして、最終的に裁判官の常識にもとづいて判決を出します。この人は嘘をいっていないか、この書面に書かれている内容は本当かなどの判断は、結局は裁判官の常識的な感覚で決められるということです。

こうして事実が認定されると、裁判官はその認定した事実に法律を適用します。

> AがBに100万円を貸したのに、Bは返していないという事実が認定されると、裁判官は、これに金銭貸借のことを規定した民法という法律を適用し、「BはAに100万円を返しなさい」という判決を出す。

裁判でこうした判決が出ると、その内容は、強制的に実現されます。それは、法律は、国民の代表が決めたルールだからです。国民が自分たちで決めたルールなのだから、それを守るのは当たり前であるという考えにもとづいているのです。

法律は国民の代表が決めたルール

法律は、全国民の代表である国会議員が国会で決めた社会のルールですが、実は、国民自身が決めたものなのです。なぜなら、国会議員は、国民が選挙で決めるからです 第43条。

このルールは、すべての国民（大人にも子どもにも）に適用されます。国民は、ルールを守らなければなりません。

ルールの内容は、借りたお金は返さなければならないといった、わざわざ法律で決めなくてもいいような当たり前のことや、「他人のもち物をこわしたら弁償しなければならない」「高速道路の制限速度を時速100kmとする」など、あらゆることに関係します。

国会の本会議場で法案に賛成するか反対するか、票を投じる国会議員たち。　写真：アフロ

裁判の前に法がある

左ページで裁判について記しましたが、大前提として「法律が裁判の前にすでに存在していること」がとても重要です。裁判をするときにあわてて法律をつくって、それを適用して判決を出すというわけではないということです。これを「事後法の禁止」といいます。

たとえば、次のような例があります。

> ある薬物が人体や社会に害をおよぼすことがわかっていても、それを使用してはいけないことが、あらかじめ法律で決められていないかぎり、罰せられることはない。

現在、日本では「脱法ドラッグ」が社会問題となっています。覚せい剤など、人体や社会に害をおよぼす薬物を使用してはいけないことは常識です。しかし、脱法ドラッグとよばれる薬物のなかには、人体におよぼす効果がまだよくわかっていないものがあります。

もし、そうしたものまで禁止してしまうと、「行動の自由」 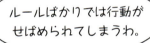 が制限されてしまうことになります。ルールをあらかじめつくり、国民に知らせることによって、国民にそのルールを守らせるようになっているのです。それが「裁判の前に法がある」ことの意味なのです。

ルールばかりでは行動がせばめられてしまうわ。

でも、ルールがないからやってもいいということじゃないよね。

もっとくわしく　理不尽だった昔の裁判「盟神探湯」

「盟神探湯」とは、古代におこなわれていた判決方法の一つ。熱湯のなかに小石を入れ、素手で小石をとりださせ、やけどすれば「有罪」、やけどしなかったら「無罪」と決めたという。古代の中国や朝鮮半島、インドなどでおこなわれたとされる。

同じ考えから、灼熱した斧を手のひらにおいたり、熱湯の入った壺に手を入れるなどもあったという。日本では、『古事記』『日本書紀』にも、そうした判決のようすが記されている。

3 基本的人権の尊重

司法権は、憲法が尊重する基本的人権を保障するためにあります。紛争の解決を通じて、基本的人権を守ることもあります。

裁判の最大の目的

裁判所が裁判をおこない、紛争を解決する（→P6）最大の目的は、人権を保護（保障）することです。

日本国憲法では、「憲法が保障する国民の基本的人権は侵すことのできない永久の権利である」ことを規定しています（第11条、第97条）。また、基本的人権を守ること（遵守）は、国民主権（前文、第1条）、戦争放棄（第9条）とならび、日本国憲法の三大原則の一つとされています。

●日本国憲法の三大原則

国民主権	国民が、国のあり方を決める権利（主権）をもつこと。
基本的人権の尊重	人間が生まれながらにもっている権利を尊重すること。
平和主義（戦争放棄）	永久の平和をめざすとともに過去の戦争を深く反省し、二度とそのようなことを起こさないというちかいのこと。

憲法は人権を守るためにあるのね。

裁判は人権を守るための大事なしくみの一つなんだね。

日本国憲法のご署名原本。
写真：国立公文書館

パート1　司法権の役割

人間なら当然にもっている

「基本的人権」とは、人間が生まれながらにもっていると考えられる権利のことです。

基本的人権は、「自然権」といわれることがあります。生まれながらにしてもっている、つまり、憲法や法律がある以前から人間に自然にそなわっていると考えられるからです。

たとえば日本国憲法では、第21条1項で「表現の自由」を保障しています。人は、自分の考えを他人に伝えることで、社会と関係をもち、自分自身も成長できます。

自分の思想や意見を他者に向けて発信することは、だれにもさまたげられない権利です。これは、日本人についていっているのではなく、世界中のあらゆる国で同じことがいえます。世界中の人に人権があることで、人類全体が繁栄していくのです。このような人権は他人や組織、国家などによって制限されないように特別に保障する必要があります。司法権は、紛争を解決するなかで、基本的人権が侵害されていないかをチェックしているのです。

終戦後の1946年10月、三大原則をうたった日本国憲法は衆議院で可決され、成立した。

写真：共同通信社／ユニフォトプレス

大日本帝国憲法での人権保障

1889年2月11日に制定・公布された大日本帝国憲法（1947年5月2日まで存続）では、国民の権利については、第2章の臣民の権利義務で、居住移転の自由・裁判を受ける権利・所有権（財産権）・信教の自由・集会・結社の自由などが定められていた。しかし、権利としてみとめるが法律の範囲内でとされていたため、実際には、法律で権利に制限がかけられていた。人権の保障は現行の日本国憲法とくらべて、きわめて不十分なものだった。

4 日本国憲法で保障される人権

日本国憲法では、第3章の「国民の権利及び義務」のなかに、憲法が保障する基本的人権が列挙されています。

国民の権利

日本国憲法第3章のタイトルは、「国民の権利及び義務」となっています。これは、基本的人権とあわせて、国民の義務について規定したものです。

ただし、権利はわかりやすいのですが、義務については、「～しなければならない」と記されていないのでわかりにくいかもしれません。しかし、権利と義務は表裏一体として、「権利及び義務」と表現されているわけです。

日本国憲法で保障されている主な人権の内容は、下の表のようなものです。なお、ここに記されている「自由」とは、「何者にも侵害されない権利」という意味です。

幸福追求権（憲法第13条）	第14条以下の個別的人権でカバーしきれない権利をまとめて保障するもので、社会の情勢の変化にてらしてその内容もかわる。名誉権、プライバシー権、環境権などがふくまれる。
平等権（憲法第14条）	古くは特権階級や奴隷制度が平等権により廃止されたが、現在は、すべての人が一律に同内容の機会を保障されることに意味がある。憲法第14条はとくに差別の理由としてはならない事項として、人種、信条、性別、社会的身分、門地をあげている。
思想・良心の自由（憲法第19条）	「内心の自由」（人の精神活動そのものの自由）と「沈黙の自由」（自分の内心を外部へ表明することを強制されない自由）に分かれる。「良心」とは、道徳心をさすのではなく、「思想」とあわせて、広く、「主義、主張」をいう。
信教の自由（憲法第20条）	江戸時代は、この自由がみとめられなかったためにキリスト教の信仰が禁止された。宗教上の信仰の自由のほか、宗教的行為の自由、宗教上の結社の自由をふくむ。「結社」とは、人の集まり（団体）のことである。
集会・結社の自由（憲法第21条1項）	同じ考えや意見をもつ人が集まり、団体をつくって行動する自由。一人より、大勢で行動したほうが意見を通しやすくなるが、集団は社会に迷惑をかけたり暴力的行為におよんだりすることがあり、規制の対象になる。
表現の自由（憲法第21条1項）	憲法は、集会、結社、言論、出版を例としてあげているが、表現行為であればすべてふくまれる。人は表現することで自己をより高め、社会もそれとともに成長することから、現代においてもっとも重要な自由と考えられている。
職業選択の自由（憲法第22条1項）	職業を自由に選んでよい自由のほかに、仕事の内容を自由に決めてよいという営業の自由をふくむ。職業は、生活の基盤を支える行為であるとともに、自分らしく生きる上で重要な要素であるから、保障の必要が高い。
学問の自由（憲法第23条）	学問の研究は、新しいものを生みだそうとする営みであるが、その際に従来の考え方を批判することが常であり、公権力から圧力がかかりやすいことから、保護の必要が高い。
財産権（憲法第29条1項）	「個人が財産を所有してよい」という私有財産制を前提として、自分の財産を自由に利用してよいという内容をふくむ。しかし、土地や建物は他人の生活に影響をあたえやすく、規制の必要性が高い。

国民の三大権利・三大義務

日本国民には、「三大義務」と「三大権利」があります。

なお、権利は放棄することができますが、義務は放棄できません。

「人間らしく生きることも権利の一つなのね。」

三大権利

生存権
人が人らしく生きるための権利のことで、「健康で文化的な最低限度の生活を営む権利」とされている。 第25条

教育を受ける権利
教育を受ける権利、すなわち学習権のこと 第26条1項。

参政権
政治に参加する権利（選挙権、被選挙権、公務員の職につく権利、国民投票をおこなう権利、公務員をやめさせる権利）のこと 第15条。

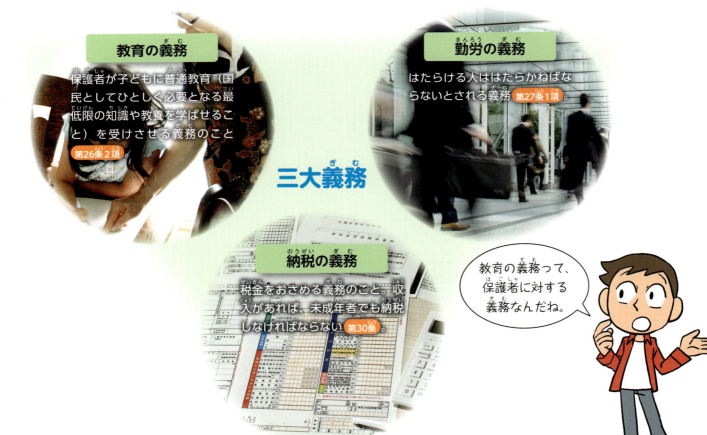

三大義務

教育の義務
保護者が子どもに普通教育（国民としてひとしく必要となる最低限の知識や教養を学ばせること）を受けさせる義務のこと 第26条2項。

勤労の義務
はたらける人ははたらかねばならないとされる義務 第27条1項。

納税の義務
税金をおさめる義務のこと。収入があれば、未成年者でも納税しなければならない 第30条。

「教育の義務って、保護者に対する義務なんだね。」

5 人権が制限される場合

人権と人権はとなり同士にあり、ときにぶつかりあうことがあります。そのときに、調整役をするのも司法権、すなわち裁判所です。

人権と人権の対立

「侵すことのできない永久の権利である」（→P10）といわれる基本的人権でさえ、次に示すような場合には、いずれかの人権が制限されることになります。

① 真夜中に二輪車（オートバイなど）が住宅街を集団で大音量を出しながら走行することについて、集会・結社の自由 第21条1項 と、静穏に生活する自由 第13条 が対立することになる。

② 週刊誌が政治家の行為・行動について、批判的な記事をのせた場合、出版社の表現の自由 第21条1項 と、政治家のプライバシー権・名誉権 第13条 が対立する。

③ 住宅地に高層マンションを建設する場合、土地所有者の財産権 第29条1項 と、周辺住民の環境権 第13条 が対立する。

パート1 司法権の役割

裁判所の調整のしかた

人権と人権がぶつかりあって紛争が起きた場合、裁判所は、それぞれの人権が保障される意味や、紛争の具体的な事情を調べたり、一方の人権が侵害されることによって失う利益や、もう一方の人権を制限することで失う利益などを比較したりして、権利の調整をおこないます。

その結果、裁判所は、たとえば左ページの②の場合、政治家の人権を、一部または全面的に制限することがあります。

> 政治家は社会の批判にさらされて当然であるとして、批判記事を掲載した雑誌の発行をみとめることがある。

左ページの③の場合には、対立する人権の双方に、それぞれゆずりあいを命じる場合があります。

> 住宅地への高層マンション建設について、建ててもよいとしながら一定の高さまでに制限する。

「いくら自由だといっても限度もあるわ。」

「どれくらいが限度かは慎重に判断されなければならないね。」

ヘイトスピーチ（差別的な発言のこと）をおこなう団体によるデモ行進と、それに反対し、やめさせようとする人々によって起きた衝突。ヘイトスピーチを「表現の自由」とする主張と、人権（名誉権）の侵害だとする主張が対立している。

写真：共同通信社／ユニフォトプレス

もっとくわしく 「新しい人権」

幸福追求権といわれる日本国憲法第13条は、「新しい人権」としてあつかわれることがある。プライバシー権、喫煙権、嫌煙権、環境権など、いろいろな権利が出てくることから、「ふる」ことによりさまざまなものが出てくるとされる「うちでのこづち」とよばれることもある。

6 社会全体の利益との調整

基本的人権に制限が必要になる場合として、人権同士のぶつかりあいがありますが、「社会全体の利益と個人の人権が対立」する場合もあります。

公共の福祉

日本国憲法第13条には、国民の基本的人権が「公共の福祉に反しない限り」尊重される、と書いてあります。一方、憲法第12条には、国民の自由と権利の行使は、「公共の福祉のためにこれを利用する責任を負う」とも書かれています。

「公共の福祉」とは、社会全体の利益のことです。一人一人の権利は、当然保障されなければなりませんが、その行使により、社会全体の利益をそこなう場合（人権と公共の福祉の対立）は、個人の権利がある程度、制限されることになるということです。

公共の福祉ってつまり、「みんなの幸せ」ってことかしら。

クラスでも1人のためにみんなが嫌なことを受けいれるのはかんたんなことではないよ。

もっとくわしく タクシー運賃の規制

タクシーの運賃は、地域ごとに一律に定められている。たとえば東京の初乗り運賃（最初の2kmの運賃）は730円、大阪では680円とされてきた。これは、道路運送法などの法律が、一律の運賃を定めているから。

しかし、タクシー業界のなかには、もっと安い運賃を設定し、それを宣伝して、お客さんをたくさんよびこみたいと考えるタクシー会社もある。自分の選択した職業の内容を決めることは、憲法第22条1項により、営業の自由として保障される権利だ。しかし、タクシー運賃を定める法律は、料金をあまり安くすると、タクシーの運転手が収入を増やすために過剰な労働をおこない、それが原因で事故が増えることなどを理由に、運賃の下限を定めている。これも公共の福祉による規制の一例だ。2017年1月から、東京23区などでは、初乗り運賃が1km410円に改定された。憲法上の権利と公共の福祉の綱引きの結果ともいえる。

タクシーの初乗り運賃が410円に改定されたことを知らせるパンフレット（2017年1月）。

社会と個人

「人権と公共の福祉の対立」というと、大げさな感じがしますが、この対立は、日本中どこでも日常的に起きているのです。次のような、ポスター掲示の自由と都市の美観維持の対立は、その典型的な例です。

> 自分の意見を他人に伝えたり、集会の案内をする目的で、公共の場にポスターをはりだすことは、表現の自由として憲法第21条で保障されている。しかし、各自が勝手にそれをやりだすと、駅前などの光景はいちじるしくよごれてしまう。都市の美観は守らなければならない。

上記のように、ポスターをはろうとする側と、美観を維持しようとする側とで紛争が生じた場合、裁判所は法律や条例（都道府県や市区町村が独自につくるルール）の趣旨や規制の内容、行為を禁止した場合に表現の自由が制限される程度などを、検討して判断することになります。

また、こうした人権と公共の福祉が対立する紛争は、静穏にくらす自由（第13条）を主張する人と、空港における飛行機の離発着の必要（公共の福祉）との紛争や、お酒をつくる自由（第13条）を主張する人と、酒類に税金をかけることの必要（公共の福祉）との紛争など、現代社会のあらゆる場面で生じているのです。

もっとくわしく 自由と権利

12ページの表にあるように、憲法で保障された権利は、「○○の自由」という表現をすることが多い。「表現の自由」を「表現をする権利」といっても同じことだが、「○○の自由」と表現することにより、本来的に、だれからも制限されないで行使できる権利だということを強調できる。公共の福祉により権利に制限を加える際も、権利を制限されないことが原則であり、権利を加えることが例外だという考えにもとづかなければ、せっかく憲法で権利を保障した意味が失われ、国民の自由は、公権力によってどんどんせばめられてしまう。

沖縄県のアメリカ軍基地の前で、アメリカ軍が使用する飛行場の騒音に抗議する人びと。

写真：共同通信社／ユニフォトプレス

犯罪被疑者の人権を守る

なにかの事件が起きると、警察が捜査して犯人と考えられる人を特定します。犯人であると疑われた人を「被疑者」とよびます。被疑者にも基本的人権があります。

捜査機関の権限を制限

被疑者だからといって、警察が勝手にその人の体を拘束したり、その人の家を捜索したりすることはできません。もし、そんなことをされるようなら、だれもが安心してくらせません。日本国憲法には、被疑者の権利について、次の内容が書かれています。

- **逮捕に対する保障** 第33条

  捜査機関（警察、または検察→P29）が被疑者を逮捕するためには、現行犯をのぞいて、裁判官が発行する逮捕令状がなければ逮捕できない。裁判官は、捜査機関が提出する逮捕状請求書を審査し、犯罪の嫌疑があるか、逮捕までしなければならない事案かを判断する。

- **抑留・拘禁に対する保障** 第34条

  逮捕した被疑者をさらに一定期間拘束するためには、拘束しなければならない正当な理由が必要であり、その理由は公開される。逮捕の期間は48時間と定められており、さらに拘束をするためには、裁判官による被疑者との面談がおこなわれ、拘束の必要性を確認した上で、勾留状の発行が必要になる。

- **住居侵入、捜索・押収に対する保障** 第35条

  被疑者などの住居内へ立ちいって捜索・押収するためには、裁判官が発行する捜索・差押令状がなければならない。捜索・差押令状には、捜索する場所や捜索の目的物などが細かく記載され、捜査機関が勝手に捜索の範囲を広げられないようにしている。

逮捕って、自由をうばわれる大変なことなのね。

疑われている段階でも最大限人権を守るしくみになっているんだね。

もっとくわしく 黙秘権

黙秘権とは、刑事事件の捜査でおこなわれる取り調べの際、だまったまま、話すことをこばむことができる権利のこと。黙秘権は、日本国憲法でみとめられている権利である 第38条1項

パート1　司法権の役割

写真：共同通信社／ユニフォトプレス

弁護士は被疑者の人権をまもり、社会主義を実現するために、依頼者とともに記者会見をするのも仕事の一つ。

弁護士を依頼する権利

日本国憲法第34条は、身体を拘束された被疑者に、弁護人を依頼する権利を保障しています。しかし、弁護人（私選弁護人）を依頼するにはお金がかかります。そのお金がない人には、国の費用で弁護士（→P31）を依頼する制度があります（国選弁護人制度）。

弁護士の役割には、被疑者から真実を聞きだし、被疑者に有利に裁判が進むようにアドバイスすること、捜査機関が違法な捜査をおこなわないよう目を光らせることなどがあります。なお、こうした役割は、被疑者が本当の犯人であるかないかに関係なくおこないます。

なお、家族が被疑者に面会にいく場合、警察官が立ちあわなければなりませんが、弁護士は被疑者と2人きりであうことができます。これを「秘密接見」といいます。

もっとくわしく　国選弁護人

国選弁護人制度は、一定条件を満たした被疑者（起訴前）や被告人（起訴後）からの要請によって、裁判所が日本司法支援センター（法テラス）に対し、国選弁護人の候補者の指名、そして通知をするように求めるという制度。法テラスは、この求めに対して、国選弁護人契約をしている弁護士のなかから候補を指名して裁判所に通知し、裁判所が、指名のあった弁護士を国選弁護人として選任する。

8 違憲立法審査権

立法府（→1巻）のつくった法律、行政府（→2巻）のおこなった行政処分などが、基本的人権を侵害しないかチェックするのも司法権の役割です。

多数決からの保護

司法権には、人権の保障とならぶ、大きな役割があります。それは日本国憲法第81条の定める「違憲立法審査権」のことです。

法律は、国民の代表である国会議員が議決して成立しますが、その議決方法は、多数決です。全会一致ではありません。しかし多数決は、少数者の権利を侵害することがあります。多数派と少数派の意見がぶつかる例としては、右のようなものがあります。

> 現在、タバコをすってはいけないという法律はない。なぜなら、そういう法律ができた場合、タバコをすう人の喫煙権（幸福追求権）とぶつかり、紛争が起きるからだ。その紛争は、裁判所が判断することになるが、おそらくまだ全面禁煙は、違憲とされる可能性が高いと考えられる。

以前はタバコをすう人が多くいて、タバコをきらう人への迷惑を考えずに、電車のなかや職場でも平気ですっていました。ところが、近年は、法律や条例の規制により、タバコをすえる場所がどんどん少なくなってきました。今後、時代の感覚がさらに変化すれば、全面禁煙法が「合憲（憲法違反にならない）」とされるかもしれません。

立法権（国会）立法府
立法とは法律をつくること。法律は人権を制限するという、強い効力をもつもの。立法権は、選挙で国民から選ばれた代表者が集まる国会にのみあたえられている。

- 内閣総理大臣の指名（第67条1項）（→1巻）や「内閣不信任（第69条）（→1巻）」を決議する権限をもつ（衆議院のみ）。
- 衆議院を解散させる権限をもつ 第69条。
- 裁判官を弾劾裁判（→P26）にかける権限をもつ 第64条。
- 法律が憲法に違反していないかどうか審査する 第81条。
- 行政がおこなったことに関する訴えがあった場合、法律や憲法に違反していないか審査する 第81条。
- 最高裁判所（→P24）について長官を指名し 第6条2項、ほかの裁判官を任命する 第79条1項。

行政権（内閣）行政府
行政とは法律にもとづいて実際に政治をおこなうこと。国民から税金を集め、それをどの行政につかうか予算案をつくるなど、さまざまな権力をもつ。

司法権（裁判所）司法府
司法とは争いを審理し、解決方法を決めること。このほか、罪をおかしたと疑われる人の身体を拘束し、裁判をおこなうなど人権を制限する強い権力をもつ。

違憲立法審査権の対象

「違憲立法審査」とは、法令や公権力の行使が、憲法に適合するかどうかを審査し、判断することです。日本国憲法は、最高裁判所（→ P24）が日本の一切の法律、命令、規則または処分が憲法に適合するかしないかを決定する権限をもつ「終審裁判所」であるとし第81条、最終判断の権限が最高裁判所にあることを定めています。

「命令」「規則」とは、法律からの委任を受けて行政府が定めるルールのことです。「処分」とは、行政府が出す国民の生活を制限する決定のことです。違憲判決が出ると、法律も命令・規則・処分も効力を失います。

このように司法権は、三権分立の制度のもと、立法府・行政府の行為から国民の権利を守る役割を果たしているのです。

最高裁が「違憲」と判断したことをアピールする紙をかかげる人々。
写真：AP／アフロ

もっとくわしく

司法権の限界

裁判所は、法律を適用すれば紛争を解決できるのに、あえて紛争を解決しないことがある。「国家統治の基本についての国の行為に関する紛争」がそうだ。これを「統治行為」という。

たとえば、日米安全保障条約の合憲性が争われた裁判で、裁判所は「高度に政治性のある統治行為は司法権の範囲外にある」として判断をさけた。これは、国のあり方そのものを決めることがらにまで司法権が口をはさめば、司法権の力が強くなりすぎ、三権分立のバランスをくずすことになるという考えにもとづく。

●違憲立法判決の例

・尊属殺人重罰規定（1973年判決）

親に対する殺人を重罰にした刑法の規定が、憲法第14条の平等権に反するとされた。

・薬事法距離制限規定（1975年判決）

「薬局を開設する際に既存の薬局から一定距離をあけなければならない」とした薬事法の規定が、職業選択の自由に反するとされた。

・衆議院議員定数配分規定（1976年判決）

1972年の衆議院議員選挙における、1票の価値が1対5となる公職選挙法の選挙区区割り規定が、平等権に反するとされた。

・衆議院議員定数配分規定その2（1985年判決）

1983年の衆議院議員選挙における、1票の価値が1対4.4となる公職選挙法の選挙区区割り規定が、平等権に反するとされた。

・森林法共有林分割制限規定（1987年判決）

2人以上が共有する森林を分割することを制限した森林法の規定が、財産権の侵害にあたるとされた。

・郵便法免責規定（2002年判決）

郵便業務従事者の落ち度により生じた損害の賠償責任を免じた郵便法の規定が、国と地方公共団体の賠償責任を定めた憲法第17条に反するとされた。

・在外邦人の選挙権制限（2005年判決）

日本国外に住んでいる日本人の選挙権を制限した公職選挙法の規定が、参政権を保障した憲法第15条に反するとされた。

・非嫡出子の国籍取得制限（2008年判決）

日本人男性と外国人女性のあいだにできた子の日本国籍取得を制限した国籍法の規定が、平等権に反するとされた。

・非嫡出子の法定相続分規定（2013年判決）

結婚していない男女のあいだに生まれた子の相続分を、結婚した夫婦のあいだに生まれた子の相続分の2分の1とした民法の規定が、平等権に反するとされた。

・女性の再婚禁止期間（2015年判決）

女性が離婚したあと、6か月たたなければ再婚できないとした民法の規定が、平等権に反するとされた。

パート2　裁判所と裁判官

1 ▶ 裁判所の組織

裁判所には5種類あって、それぞれにことなった役割があります。裁判は、公開されるものと、非公開でおこなわれるものがあります。

裁判所の種類

裁判所の組織は、最高裁判所を頂点とし、その下に高等裁判所、地方裁判所、簡易裁判所がピラミッドを形成しています。また、これとは別系統で、家庭裁判所があります。

●裁判所の種類と数

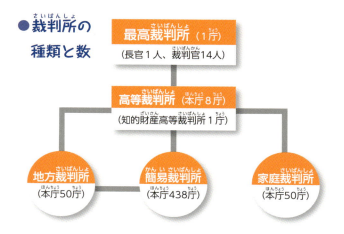

最高裁判所以外の裁判所を、下級裁判所とよんでいます。

通常の事件の第一審裁判は、地方裁判所でおこなわれます。民事事件の訴訟の目的の金額が140万円未満の事件や、刑事事件では罰金以下の刑（→P32）にあたる犯罪など、軽微な事件は、簡易裁判所があつかいます。

地方裁判所でくだされた判決に不服のある人は、高等裁判所へ再度の判断を求めることができます。これを「控訴」といいます。

家庭裁判所は、夫婦、親子、相続といった家庭内での紛争について裁判をおこなうほか、少年事件についても審判をおこないます。

三審制

「三審制」とは、一つの紛争（→P6）で、3回まで裁判を受けることができる制度のことです。第一審の判決に不服がある場合、上級の裁判所に訴えることができます。これを控訴といいます。さらに、第二審の判決に不服がある場合には、上級の裁判所に訴えることができ、これを「上告」といいます。「控訴」や「上告」をして次の審に裁判を進めることを「上訴」といいます。

こうすることで、より公正で慎重な裁判をおこない、裁判のあやまりをふせぎ、人権を守ろうとしているのです。

●三審制のしくみ

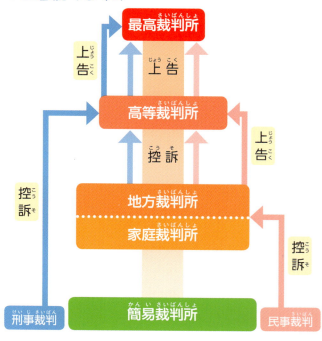

裁判の種類

裁判の種類には、刑事裁判、民事裁判、家事裁判、家事審判、少年審判があります。

刑事事件は「被告人」（捜査中は犯罪被疑者とよばれるが、裁判にかけられると被告人とよばれる）が犯罪をおこなったのか、罪をおかしたとすれば、どのような刑罰が相当かを、裁判所が判断します。

民事裁判は、国民同士の財産をめぐる紛争を解決する裁判です。お金の貸し借り、不動産の権利に関する紛争、交通事故など、ふつうの紛争は、すべて民事裁判で解決がはかられます。

一つの事件が、民事と刑事の両方で争われることもあります。刑事裁判で有罪となり、刑務所に入っても、それとは別に、加害者は被害者に対して治療費や慰謝料などを支払わなければなりません（民事責任）。その額が被害者・加害者のあいだで合意ができない場合には、民事裁判がおこなわれるのです。

家事裁判、家事審判は、夫婦の離婚、親子関係の確認、遺産の分配など、家族内で生じたものの、家族内で解決できなくなった紛争を解決します。

「審判」とは、傍聴人のいない法廷でおこなわれる裁判のことで、公開することでプライバシーが侵害されることをさけるための手続きのことです。

少年審判は、未成年者がおかした犯罪を裁判する手続きです。未成年者は、将来の更正への期待が高いことから、とくに非公開でおこなっています。

●裁判の種類

刑事裁判	刑事事件をあつかう裁判
民事裁判	民事事件をあつかう裁判
家事裁判・家事審判	家庭内で生じたが、家庭内で解決できなくなった事件をあつかう裁判
少年審判	罪をおかした未成年者や、そのおそれのある未成年者についておこなう裁判

裁判にいくつも種類があるのを知らなかったわ。

一つの事件で刑事と民事の両方をやることもあるんだね。

もっとくわしく

損害賠償請求額1円

日本では、自分にひどいことをした人にあやまらせたいと考える場合、謝罪の気持ちをお金に換算して謝罪の気持ちをあらわさせることがよくおこなわれる。そのお金を「慰謝料」という。ただし、なかには謝罪してもらうことが目的であって、お金をもらうことが目的でない場合もある。その請求権がみとめられるかどうかに意味があるとして、損害賠償請求額1円という裁判が実際にある。

2 裁判官の役割

裁判官は国民の生活を左右する重要な役割を担っています。判決は、最終的には個々の裁判官がもつ常識で決まります。日本には、約3000人の裁判官がいます。

最高裁判所

最高裁判所は、1人の長官と14人の裁判官から構成されます（第79条1項）。通常は、このなかから4人または5人の裁判官がチームを組んで裁判をおこないます。これを「小法廷（3つの小法廷がある）」といいます。重大な事件の場合には、15人の裁判官全員でのぞむ大法廷が開かれます。

最高裁判所の長官は、内閣の指名にもとづき、天皇が国事行為として任命し（第6条2項）、ほかの裁判官は内閣が任命します（第79条1項）。

15人の裁判官は、おおよそ、裁判官出身者が10人で、そのほかは検察官、弁護士、学者から選ばれるのが通例です。定年は70歳です（第79条5項）。

国民が権力をチェックする

最高裁判所の裁判官には、下級裁判所の裁判官とことなり、衆議院議員選挙と同時におこなわれる国民審査の制度があります。

審査の結果、投票の過半数がふさわしくないとなった裁判官は罷免（強制的にやめさせられること）されます（第79条2項）。この制度は、最高裁判所裁判官の任命権をもつ内閣が、自分に都合のよい裁判官をそろえようとすることを阻止するためにあり、また、国民が自分の意思を国政に直接反映させる直接民主主義の一場面となっています。

ただし、これまで国民審査の制度により罷免された最高裁判所裁判官はいません。

裁判官には男性も女性も法服を着ることが義務づけられている。

写真：最高裁判所

法服の色は戦前からずっと黒色なんだって。

黒色はほかの色にそまることはないからだといわれているんだって。

新任の判事補に辞令（役職を任ずる書類）をわたす最高裁判所長官。

写真：共同通信社／ユニフォトプレス

下級裁判所裁判官

　下級裁判所の裁判官には、高等裁判所長官、判事、判事補、簡易裁判所判事の4種類があります。通常の裁判官は、「判事」とよばれます。裁判官の人数は、現在およそ3000人です。

　裁判官は、最高裁判所の指名した名簿にもとづき、内閣が任命します（第80条1項）。任期は10年で、特別の支障がないかぎり再任されます。定年は65歳です（簡易裁判所判事のみ70歳）。

　裁判官になるためには、原則として、「司法試験」とよばれる国家試験に合格し、その後、1年間の司法修習（→P31）をおこなう必要があります。裁判官になってから最初の10年間は「判事補」とよばれ、原則として1人で裁判をおこなうことができません。ただし、5年を経過した判事補は特例として単独で裁判をすることがみとめられています。

　下級裁判所では、1人の裁判官で裁判をする「単独事件」と、3人の裁判官で裁判をする「合議事件」があります。判事補は合議事件に加わり、裁判の実務を学ぶことになります。

裁判官の仕事の量

　日本でいちばん仕事量が多いといわれる東京地方裁判所の民事部の裁判官は、1人あたり、同時に150〜200件の裁判案件をかかえている。1日に、多いときは10件の裁判の法廷にたつこともある。1件の事件で、当事者から提出される書面は、厚い書類ファイルが十数冊になることもめずらしくない。それを読み、理解し、当事者に質問し、証人尋問を聞き、ときには100ページをこえるような長い判決を書く。帰宅が深夜になることもある。そのかわり、裁判官は夏休みを約3週間とることができる。ふだんは仕事に没頭し、休みでたっぷりとリフレッシュできるようになっている。

3 裁判の公正を守るしくみ

裁判をおこなうにあたり、もっとも重要なことは、裁判が公正におこなわれることです。これは、国民の基本的人権を尊重するために不可欠な要請です。

司法権の独立

日本国憲法は、裁判官が良心にしたがい、独立して職務をおこなうことを定めています 第76条3項 。これを裁判官の「職権の独立」といいます。

ここでいう「良心」という言葉は、裁判官としての良心のことで、裁判官個人の良心のことではありません。もし、裁判官の個人的な正義感や価値観と、法の命ずるところが食いちがった場合は、法を優先させなければなりません。裁判官のくだす判決は、国民の生活を直接に左右します。裁判官が、ほかの人や組織、団体、政府などの影響を受けて裁判をおこなうようなことがあれば、国民の信頼を失い、日本の裁判制度は根底からくずれさります。

裁判官の職権の独立の目的は、裁判官に対するあらゆる不当な干渉や圧力を封じることであり、裁判制度をなりたたせるためにきわめて重要な制度なのです。

なお、「良心」という言葉は、日本国憲法第19条の「思想及び良心の自由は、これを侵してはならない」という規定でも出てきます。

裁判官の身分保障

裁判官の職権の独立を、制度としてささえるのが「裁判官の身分保障」です。

憲法第78条は、裁判官がやめさせられるのを、心身の故障と、国会による弾劾裁判 第64条 の二つの場合に限っています。心身の故障を理由とする解職も、分限裁判という特別の裁判を経なければなりません。また、憲法第78条は、解職だけでなく、裁判官に対する懲戒についても、行政機関がおこなうことを禁じています。このように行政府の勝手な判断で、裁判官をやめさせたり、処罰することはできないのです。

さらに、定期的な報酬の保障と減額の禁止も、憲法で定めています 第79条6項、第80条2項 。憲法が給料のことについて記している職業は、裁判官だけで、裁判官が究極の憲法の守り人だからです。

裁判官は決してほかからの影響を受けてはならないのね。

裁判官の身分を保障しているのは圧力を受けてもこまらないようにするためでもあるんだ。

もっとくわしく 「思想及び良心の自由」とは

「思想」と「良心」という二つの言葉が用いられているが、両者に意味のちがいはなく、ひとことで「内心の自由」といいかえることがある。これは、内心、すなわち、心のなかでは、他者の人権をおかさない範囲で何を考えていてもいいということだ。

パート2　裁判所と裁判官

裁判の公開

日本国憲法では、裁判の公正を確保する手段として、「裁判を公開でおこなうこと」を定めています（第82条1項）。それは、裁判が密室でおこなわれたとすれば、本当に公正な裁判かどうか、だれもチェックできなくなってしまうからです。

なお、裁判の公開の原則は、刑事被告人がもつ「公開の裁判を受ける権利」（第37条1項）とも関係しています。

裁判の公開には例外もあります。裁判官が複数いる裁判で、裁判官が全員一致で、「公開すると社会の風紀を害するおそれがある」と決した場合です。それでも、基本的人権が問題となっている事件では、公開が強制されます（第82条2項）。

なお、最近は裁判にかかわる人のプライバシーや、企業秘密を守るために、裁判を非公開とすることもあります。また、痴漢事件の被害者のように、名前や顔を知られたくない人に証言をしてもらう場合は、傍聴席とのあいだについたてを置き、裁判官からのみ証人（→P30）が見えるように工夫されます。

もっとくわしく　裁判と報道

裁判は公開が原則だが、アメリカなどとちがって、裁判の実況中継はできない。基本的に写真撮影も禁止されているので、法廷画家とよばれる人がえがいた絵を使って報道される。ただし、被告人が入廷する前の冒頭シーンの撮影が許可されることがある。これは、通常2分間、最高裁判所では3分間で、テレビのニュースで流れる法廷内の映像のほとんどがこの映像となっている。

法廷内の裁判のようすをえがいた法廷画。

写真：共同通信社／ユニフォトプレス

パート3　裁判のしくみ

1　刑事裁判がはじまるまで

罪をおかしたと疑われる人（被疑者）は身体を拘束（逮捕）されますが、身体の拘束は人権侵害ですから、その必要性は裁判官が判断することになっています。

身体の拘束

日本国憲法は、第33条から第35条まで、犯罪被疑者または刑事被告人の権利を保障していますが、具体的には刑事訴訟法という法律が、被疑者・被告人の権利について定めています。

被疑者・被告人（→P23）が刑事裁判を受けるまでには、任意捜査→逮捕・強制捜査→起訴という過程があり、その後に刑事裁判がおこなわれます。

「任意捜査」とは、被疑者の同意を得ておこなう捜査です。任意同行がその典型で、話を聞くために警察署に来てもらうものですが、あくまでも任意（その人の意思・判断にゆだねること）なので、被疑者はこれを拒否することができます。

令状主義

身体拘束（逮捕）や強制捜査は、被疑者の人権をいちじるしく侵害する行為です。そのため、裁判官が発行する令状がなければおこなえないことになっています（令状主義）。

警察は、被疑者を逮捕してから48時間以内に被疑者を検察へ送ります。検察官は被疑者を受けとると、24時間以内に被疑者の取り調べをおこないます。もし、もっと長く身体拘束（「勾留」という）が必要と判断すれば、裁判官に対してその請求をおこないます。裁判官はみずから被疑者に質問し、勾留するかどうかを決めます。

検察官は、被疑者の勾留がはじまってから10日（さらに10日間の延長が可能）以内に起訴するかどうかを決めます。「起訴」とは、被疑者を刑事裁判にかけることです。

20日間におよぶ捜査で、被疑者が犯人ではないことがわかったり、また、犯罪が悪質でなく、被害も軽いなどと検察官が判断したりした場合には、起訴しないでそのまま被疑者を釈放することもあります。

●捜査の開始から起訴までの流れ

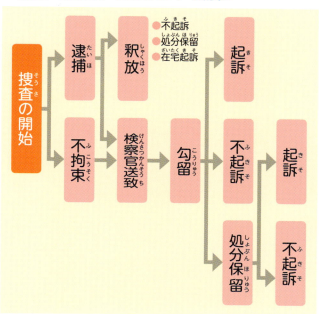

警察による事件現場の捜査のようす。 写真：共同通信社／ユニフォトプレス

警察と検察のちがい

　犯罪が起こったとき、捜査をおこない、証拠を集め、被疑者を逮捕し、取り調べなどをおこなうのが警察です。検察は、原則として警察から送られてきた事件について、被疑者を取り調べたり証拠を集めたりして、独自に捜査をおこないます。警察を指揮して、補充捜査をおこなうこともあります。そうして最終的に被疑者の処分を決定します。

　検察は、警察が捜査していない事件を独自に捜査し、起訴することもできます。地検特捜部（地方検察庁特捜部）は、巨悪をこらしめる、「検察の花」ともいわれています。

　このように、犯人の捜査や証拠集めなど、警察と検察の仕事は共通するところもありますが、被疑者を起訴して裁判にかけるかどうかを決定する権限は検察にあり、警察は起訴するかどうかを決定することはできません。

　なお、裁判で被疑者が有罪であることを立証するのも、検察官の重要な役割（→P31）です。この意味では、検察は「裁判担当」ということもできます。

検察の取り調べのようす。 写真：法務省

不起訴処分

「不起訴処分」とは、捜査が終わった段階で検察官が被疑者を公訴提起しない（起訴しない）ことにする処分。捜査の結果、被疑事件が罪とならないときや、証拠が不十分などの場合、不起訴処分となる。

2 刑事裁判のしくみ

刑事裁判では、被告人が犯人であるかを証拠にてらして確認し、罪をおかした（犯人である）場合には、判決で刑罰がいいわたされます。

刑事裁判の手続き

刑事裁判は、検察官が被疑者を起訴してから約1か月ではじまります。起訴後、被疑者は「被告人」とよばれます。この段階で、被告人が逃げたり証拠をかくしたりしないということが明らかになれば、身体拘束が解放される場合があります。これを「保釈」といいます。

刑事裁判に参加するのは、被告人、裁判官、検察官、弁護人が原則ですが、被害者が参加することがあります。

はじめに、被告人がおこなった犯罪事実（「公訴事実」という）を書いた「起訴状」が検察官によって読みあげられます。次に、被告人が、その内容にあやまりがないかを述べます。その後、書面や証拠物の取り調べ、証人尋問、被告人質問がおこなわれます。

これらの手続きが終わると、検察官が被告人に対する具体的な刑罰を求めます。これを「論告・求刑」といいます。それに対して、弁護人が「弁論」とよばれる反対意見を述べ、最後に裁判官が判決をいいわたします。

このように、刑事裁判では、検察と、被告人・弁護人が対立する対等の立場として、犯罪事実や証拠に関する考えを述べあい、裁判官が中立的な立場から、裁判官の常識で判断します。

もっとくわしく　推定無罪

刑事裁判で有罪が宣告されるまで、被告人は無罪と推定されることを「推定無罪」という。この言葉は裁判官の側から見ると、「疑わしきは罰せず」といい、正確には「疑わしきは被告人の利益に」となり、この二つの言葉は表裏一体となっている。

検察官の起訴により、公開の法廷において審理がおこなわれ、判決がいいわたされます。この一連の手続きを「公判手続き」とよび、次のような流れで進められます。

①人定質問
裁判長が被告人に対して、人ちがいでないことをたしかめる。たいていは、被告人の氏名・年齢・本籍・住所などをたずねて、被告人にちがいないことを確認する。

②起訴状朗読
検察官によって起訴状が朗読される。

③黙秘権などの告知
裁判長から被告人に対して、被告人には黙秘権があたえられていることが告知される。「黙秘権」とは、有利か不利かにかかわらず、黙秘しつづけたり、質問に対して回答をこばんだりできる権利のこと。

④罪状認否
告知後、被告人と弁護人は起訴状に書いてあることについての意見を述べる（陳述）。具体的には、起訴状に書いてあることについて心あたりがあるかないか、また起訴について正当防衛や責任能力など法律上の問題があるかないかなどを答える。

⑤証拠調べ
検察官が冒頭陳述をおこない、検察官が提出した証拠と弁護人から請求があった証拠について、証拠調べをおこなう。証拠には、供述調書などの「証拠書類」、凶器などの「証拠物」のほかに、目撃者などの「人証」があり、人証は証人尋問によって証拠調べをおこなう。また、事件について被告人に答えさせる被告人質問や、精神鑑定などの鑑定も、この証拠調べ手続きのなかでおこなう。

⑥論告・求刑
検察官が、その事件の犯罪事実や量刑に関係する事実などについて最終的な意見を述べる（論告）とともに、具体的な刑罰をどの程度とするべきかについて意見を述べる求刑。

⑦最終弁論・最終陳述
弁護人も、その事件について最終的な意見を述べる（最終弁論）、最後に、被告人がその事件について最終的な意見を述べる（最終陳述）。

⑧結審
以上の手続きがすべて終了すると、弁論が終結する。あとは判決の言いわたしを残すのみとなる。

裁判での検察官と弁護人

検察官について、「被害者とともに泣く」「悪いやつを眠らせない」などという言葉があります。しかし、検察官が被告人を悪いやつだと思ったからといって、重い求刑をすることはありません。「罪を憎んで人を憎まず」という言葉もありますが、検察官は、あくまでも犯罪の重さに見あった刑罰を求めるのが仕事です。検察官が解明するのは、客観的におこなわれた犯罪事実なのです。

検察官は、被疑者を逮捕する段階から判決まで、一貫して「公益代表」の立場で犯罪事実を追求（糾弾）します。一方、弁護人は、被告人が無罪を主張し、自分も無罪であると信じた場合は、検察官と徹底的にたたかいます。みずから証拠を集め、被告人が無罪であるとの主張を組みたてます。しかし、弁護人は被告人が罪をおかしている場合でも、被告人に有利な事情を集め、その刑を少しでも軽くするために活動します。

刑事法廷のようす。この写真では、左側に弁護人、その前に被告人が、右側に検察官がすわっているが、法廷によっては左右が逆転しているところもある。

写真：最高裁判所

もっとくわしく

法曹三者

裁判官・検察官・弁護士を「法曹三者」という。「司法試験」とよばれる国家試験に合格し、司法修習を修了することで、判事補（→P25）、検事または弁護士となる資格があたえられる。実際にどの職業につくかは、司法修習時での特性、本人の希望などで決まる。「司法修習」とは、司法試験に合格したのちの1年間の、法曹養成の必須課程のこと。

裁判官バッジ
写真：最高裁判所

検察官バッジ
写真：法務省

弁護士バッジ
写真：日本弁護士連合会

3 刑罰の種類

犯罪者は刑罰に処せられます。刑罰の種類は、死刑、懲役、禁錮、拘留、罰金、科料、没収の7種類です。死刑は、廃止すべきだという意見もあります。

7種類の刑罰の内容

犯罪と刑罰の種類やその執行手続きは、刑法と刑事訴訟法により定められています。刑罰のそれぞれの内容は、次の通りです。

死刑	刑事施設内で絞首して執行する。
懲役	刑務所に拘置して労働させる。
禁固	刑務所に拘置することは懲役刑と同じだが、労働の義務がない。主に、詐欺などの頭脳犯に適用される。 ※ただし、何もしないのは受刑者にとってかえって苦痛になるので、禁固刑に処せられた受刑者も、ほとんどの人が刑務所では望んで労働に服する。これを「請願作業」という。
拘留	1日以上30日未満の期間、刑事施設に拘置するもの。
罰金	1万円以上の財産刑
科料	1万円未満の財産刑 ※罰金、科料を払えない人を一定期間労役場に留置することを「換刑処分」という。
没収	犯罪で得た財産の没収

「刑罰にもいろいろあるのね。」

「罪の重さでかわるんだ。」

執行猶予

有罪であっても犯罪が悪質でないなど、特別の事情があるときは、執行猶予つきの判決がくだされることがあります。「執行猶予」とは、罪をおかして判決で刑をいいわたされた人が、一定の期間中に新たな犯罪をおかさなければ、その刑が将来にわたり効力を失う制度のことです。

たとえば「懲役1年、執行猶予3年」という判決の場合、そのまま市民生活を継続し、新たな犯罪をおかさずに3年間がすぎれば、刑務所に入れられることはありません。また、この場合では「懲役1年」という、刑のいいわたしの効果も失われます。

刑事施設ではたらく、法務技官。受刑者の更生のために、面接や心理検査などを通じて犯罪や非行の原因をさぐり、改善指導プログラムなどにもたずさわる。　写真：法務省

死刑とその廃止論

死刑は、死刑判決確定後6か月以内に執行すると定められていますが、再審請求がされていたり、共同被告人がいて、その人の判決が確定しないあいだなどは執行されないことになっています。

また、死刑の執行には、ほかの刑罰とことなり、法務大臣の執行命令が必要になります。これは、死刑が回復不能の極刑であることから、とくに慎重を期すための手続きです。

過去には、自己の良心にしたがい、執行命令を出すことができずに辞任した法務大臣もいました。また、法務大臣の考え方によって、就任期間における死刑執行の人数が変動することも指摘されています。

日本国憲法第36条は「残虐な刑罰」を絶対的に禁じています。死刑がこれにあたるかには議論があります。

この点が問題となったのが、1948年の最高裁判所の判例です。それは「生命は尊貴である。1人の生命は、全地球よりも重い」という書きだしではじまるもので、残虐な刑罰とは「執行の方法がその時代と環境とにおいて人道上の見地から一般に残虐性を有するものとみとめられる場合をさす」として、火あぶり、はりつけなどの例をあげ、死刑そのものは、残虐な刑罰にあたらないと結論づけました。

しかし、弁護士の全員加入の自治団体である日本弁護士連合会は、死刑の廃止論をとなえています。それでも、同会に所属する弁護士のなかにも、犯罪被害者の気持ちに寄りそえば、死刑制度は必要だという意見をもつ人もいます。

●世界の死刑判決と執行数

国名	判決件数	執行件数	国名	判決件数	執行件数	国名	判決件数	執行件数
アフガニスタン	12+	1	オマーン	—	2	日本	4	3
アメリカ	52	28	北朝鮮	+	+	パキスタン	121+	326
アラブ首長国連邦	8	1	サウジアラビア	6+	158+	バングラデシュ	197+	4
イエメン	+	8+	シンガポール	5+	4	ベトナム	47+	+
イラク	89+	26+	スーダン	18	3	マレーシア	39+	+
イラン	+	977+	ソマリア	5+	25+	南スーダン	17+	5+
インド	75+	1	台湾	9	6	ヨルダン	3+	2
インドネシア	46+	14	チャド	10	10			
エジプト	538+	22+	中国	+	1000+			

国名	判決件数	国名	判決件数	国名	判決件数	国名	判決件数	国名	判決件数
アルジェリア	62+	クウェート	14	タイ	7+	ブルネイ	1+	モルディブ	3
ウガンダ	1	ケニヤ	30	タンザニア	5+	ベラルーシ	2+	モロッコ/西サハラ	9
エチオピア	3	コンゴ民主共和国	28	チュニジア	11	ボツワナ	1+	モンゴル	2+
ガーナ	18	ザンビア	7+	トリニダード・トバゴ	9	マラウイ	3	ラオス	20+
カタール	9	シエラレオネ	13	ナイジェリア	171	マリ	10	リビア	10+
カメルーン	91+	シリア	20+	バーレーン	8	マレーシア	39+	レバノン	28
韓国	1	ジンバブエ	2+	パレスチナ	12+ガザ*	ミャンマー	17+		
ガンビア	3	スリランカ	51+	ブルキナファソ	2	モーリタニア	5		

＊パレスチナ自治区の一部であるガザ地区のこと。

※「+」は「少なくとも」の意味。数字のない「+」は確証は得ていないが、1件以上の執行があったとみられることを示す。

出典：アムネスティ・インターナショナル日本「死刑判決と死刑執行2015」

4 裁判員裁判

裁判員裁判は、国民が裁判官とともにおこなう刑事裁判の制度です。殺人事件や、強盗傷害事件といった重大な犯罪に関してのみおこなわれます。

裁判員裁判の模擬裁判のようす。　写真：最高裁判所

裁判員裁判の模擬裁判での評決のようす。　写真：最高裁判所

一般国民が参加する裁判

2009年5月に「裁判員の参加する刑事裁判に関する法律」が施行され、国民が刑事裁判に参加する裁判員裁判がスタートしました。

これまで裁判官のみにゆだねられてきた刑事裁判が、国民に開放されたことになり、一般の国民から遠い存在だった裁判が、より身近なものになったといわれています。さらに裁判員制度ができたことで、裁判全般に関する議論が活発になってきたという副産物もうまれています。

書面のやりとりに終始し、長期化する傾向にあった裁判が、口頭で意見を出しあい、短期間で判決にいたるものへとかわりつつあるのです。これは、大きな変化です。

もっとくわしく　陪審制

「陪審制」は、市民のみが裁判の審理をおこなう制度のことで、専門家や市民を代表する人が裁判官とともに事実認定や量刑の任にあたる「参審制」に対するもの。かつては日本でも陪審法が制定されていた（1923年）が、1943年に施行が停止。なおアメリカでは、刑事裁判の事実認定の段階（有罪か無罪かを決定する段階）に市民が加わる、「大陪審」がおこなわれている。

裁判員の役割

裁判員裁判の裁判員は、衆議院議員選挙の選挙人名簿から抽選で選ばれます。

ひとつの裁判につき6人が選ばれ、3人の裁判官とともに裁判をおこないます。法廷では裁判官と同じ一段高い壇にすわり、犯罪の証拠を見たり、証人の証言を聞いたりします。また、裁判官とともに真実はどのようなものだったか、刑罰の内容をどうするかなどの評議をおこないます。

裁判員の負担が重くならないように、裁判は通常4日間で終わります。そのほかにも、たとえば死体の写真を見るのは、一般の国民にとってショックが大きいことから、写真ではなく、イラストにしてショックをやわらげるなど、さまざまな工夫がこらされています。

裁判員は、裁判が終わったあとも、評議の内容などの秘密を一切もらしてはいけないことになっています。ただし、裁判員をつとめた感想などは、伝えることがゆるされています。これまで裁判員を経験した人の多くが、貴重な体験だったと話しています。

> 秘密をもらしてはいけないなんて大変だね。

> 1万2000〜3000人くらいが裁判員になっているんだって。

もっとくわしく 裁判員裁判と上訴

裁判員裁判の場合も被告が判決に不服のある場合には、上訴することができる。ただし、裁判員裁判は、第一審でしかおこなわれていない。第二審（控訴審）で第一審の無罪の判決が、一転有罪判決となることもあり、裁判員制度の不備を指摘する声もある。

● 裁判員裁判における刑事裁判手続きの流れ

公判前整理手続き
① 検察官・弁護人の主張
② 争点の決定
③ 証拠の決定
④ 審理予定の決定

↓

公判手続き

↓

冒頭手続き
① 人定質問
② 起訴状朗読
③ 黙秘権の告知
④ 罪状認否

↓

証拠調べ手続き
① 冒頭陳述
② 証拠の取り調べ

↓

弁論手続き
① 論告・求刑（検察官）
② 弁論（弁護人）
③ 最終陳述（被告人）

↓

評決

↓

判決宣告

5 民事裁判のしくみ

「民事」は、刑事に対する対義語です。民事裁判では、国民のあいだで起きた、主にお金が関係するトラブルを、多くの場合、一方が他方へお金を支払わせることで解決します。

民事裁判の内容

お金の貸し借りや物の売買、家の新築などをおこなうとき、当事者間で契約（約束）が結ばれます。ところが、契約内容どおりのことがおこなわれなかったり、当事者同士が考えていた契約内容が食いちがっていたりすると、トラブルが発生し、紛争（→P6）になります。

紛争は、当事者同士の話しあいで解決できればいいのですが、それぞれの言い分が大きくはなれていると、話しあいでの解決はむずかしくなります。たとえば当事者間での契約がないまま、物の売買がおこなわれた結果、紛争が起きることもあります。こうした紛争で、だれがだれにお金をいくら支払えばよいかを最終的に決めるのが、民事裁判です。

また、他人に暴力をふるった場合、加害者は被害者に発生した損害を賠償しなけれなりません。ところが、発生した損害がどれぐらいなのかなどで、加害者と被害者のあいだで紛争が起こることがあります。交通事故が起きると、その責任がどちらにどれだけあるかをめぐり紛争が起きることもよくあります。これらの場合でも、民事裁判で、それぞれの責任の割合を決め、支払うべき金額を判断することになります。

もっとくわしく　本人訴訟

「本人訴訟」とは、弁護士をたてずに自分自身で訴訟をおこなうこと。日本では本人訴訟をする人がかなりいる。最高裁まで本人訴訟で戦い、勝訴した例もある。それでも、弁護士をたてることの利点は大きいといわれている。

民事裁判の法廷のようす。

写真：最高裁判所

民事裁判の手続き

民事裁判は、解決困難な紛争が生じていても、それだけで裁判がはじまるわけではありません。相手にお金を払ってほしいと思う人が、裁判所に対して訴えを起こしてはじめて、裁判となるのです。

民事裁判では、訴えた人を「原告」、訴えられた人を「被告」とよびます。原告は、自分の言い分（主張）を裏づける書類を提出し、証人を法廷によんで証言させるなどして、自分の言い分が正しいことを裁判官に対して主張します。一方、被告も書類を提出し、原告の言い分に反論（主張）します。被告も証人に証言させることがあります。

双方の言い分（主張）が出そろうと、裁判官は判決をいいわたします。判決には、裁判官がそう判断した理由がくわしく書かれているので、敗訴した当事者は、それを見て、上訴するかどうかを決めます。

判決内容の執行

判決が確定すると、お金の支払いを命じられた人は、それを実行する義務があります。ところが、それでもなお、支払いをしない人がいます。そのときは、裁判所がその人のお金をとりあげたり、財産をさしおさえて売ることで、その代金を支払いにあてることがあります。これを「強制執行」といいます。

このように強制力があるところに、民事裁判によって紛争を解決する意味があります。

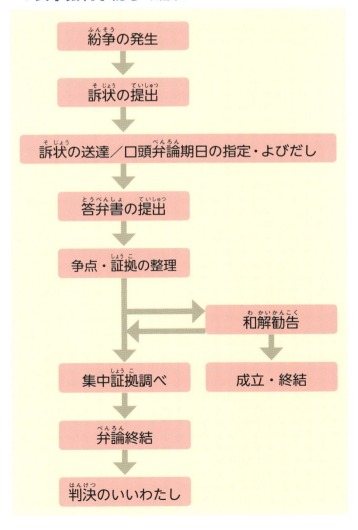

●民事裁判手続きの流れ

紛争の発生 → 訴状の提出 → 訴状の送達／口頭弁論期日の指定・よびだし → 答弁書の提出 → 争点・証拠の整理 → 和解勧告 → 集中証拠調べ／成立・終結 → 弁論終結 → 判決のいいわたし

判決の内容には強制力があるのね。

民事裁判をするのには重要な意味があるんだね。

もっとくわしく　民事裁判の被告

民事裁判での「被告」とは、「訴えられた人」のことで、刑事裁判で罪をおかし（悪いことをして）、起訴された「被告人」とは、まったく意味がちがう。民事裁判では、訴えられたからといって悪いことをしたという意味ではない。

家庭裁判所の役割

家庭裁判所は、家事事件と少年事件を専門的にあつかう裁判所です。家庭裁判所でおこなわれる審判・調停は、非公開で審理されます。

家事審判

家庭裁判所があつかう、家庭内や親族間の紛争を「家事事件」といいます。

別居夫婦の問題や子の養育の問題、相続問題などの紛争についての家事事件では、一気に結論を出すと、家庭や親族関係自体がこわれてしまう可能性があるため、通常は紛争の当事者同士で話しあう場がもうけられています。この話しあいを「調停」といい、その話しあいがまとまらないときにはじめて「審判」という強制の非公開裁判がおこなわれます。

また、婚姻、離婚、親子関係などに関する紛争については、家庭裁判所がおこなう正式な裁判で決着がはかられます。ただしその場合でも、話しあいで解決するほうがより望ましいので、訴えを起こす前にかならず調停をおこなうことが義務づけられています。これを「調停前置主義」といいます。

家庭裁判所。写真は少年審判の模擬審判のようす。

写真：共同通信社／ユニフォトプレス

●少年裁判手続きの流れ

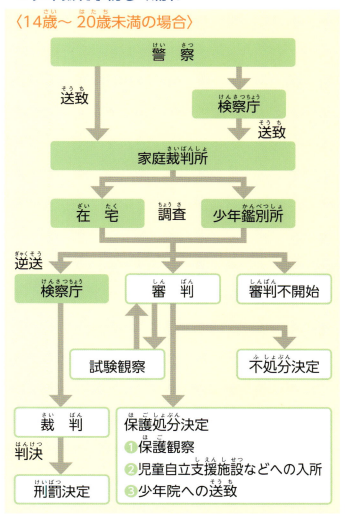

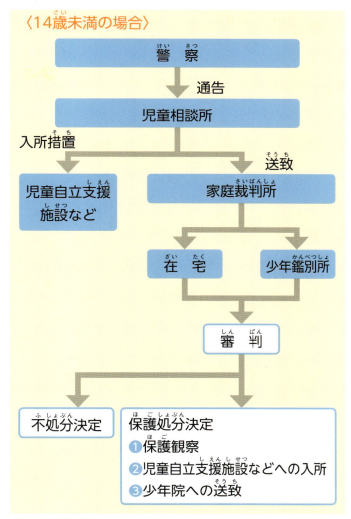

少年裁判

　刑法では、14歳未満がおかした犯罪は罰しないことになっています。また、少年法では、男女を問わず、20歳未満の子を「少年」とよび、犯罪・非行をおかした少年には大人とことなる特別なとりあつかいをすることを定めています。それは、少年の人格がまだ未完成であり、これからかわっていく柔軟性をもっているという考えによります。刑罰とはことなった措置をしたほうが、少年の将来のためによいと考えられているのです。

　犯罪や非行をおかした少年はすべて家庭裁判所へ送られます。そこで家庭調査や心理調査がおこなわれ、処分が決められます。この処分は、大人の場合の刑罰とことなり、保護観察や少年院送致など、少年の保護という性格が強いものとなっています。

　近年、子どもをめぐる問題として、犯罪・非行のほかに、いじめ・体罰などの学校問題や虐待などの家庭問題が注目されてきました。また、子どもを保護する必要性から、「児童虐待の防止等に関する法律」のような新しい法律がつくられています。

もっとくわしく　少年法の適用年齢

　2016年、公職選挙法の改正で、選挙権が20歳以上から、18歳以上に引きさげられた。これを受けて、少年法の適用年齢についても議論されている。少年の改善する可能性を重視する立場では選挙権年齢の引きさげは、少年法には影響しないと考えることも可能だ。

パート4　見学！最高裁判所

最高裁判所の庁舎は、1974年に完成しました。外壁と内壁には白い花崗岩が用いられ、大法廷棟、小法廷棟、図書館棟、裁判官棟、裁判部棟、司法行政北棟、司法行政西棟の7つの建物からなります。

> ここからは私達といっしょに見ていきましょう！

最高裁判所庁舎

空から見た最高裁判所の一帯。　写真：東阪航空サービス／アフロ

南側から見た最高裁判所。

構造	鉄骨鉄筋コンクリート造、地上5階、地下2階
敷地面積	約3万7000㎡
延べ床面積	約5万9671㎡（国有財産面積）
設計	設計競技（コンペティション）により選ばれた、岡田新一ほか16名
工事費	約126億円
着工年	1971年

旧司法制度時代（1875～1947年）の最高裁判所にあたる「大審院」。
写真：MeijiShowa.com／アフロ

1949～1974年に使用されていた旧最高裁判所庁舎（→P43）。　写真：鹿島建設

写真：縄手英樹／アフロ

まずは法廷をみてみましょう。

最高裁判所には、長官と裁判官14人の計15人で構成される大法廷が1つ、5人または4人の裁判官で構成される小法廷が3つの、合計4つの法廷があります。

❶ 大法廷

大法廷は、日本でもっとも広い法廷で、床面積がおよそ574㎡ある、最高裁判所の中心的な場所です。

最高裁判所の法廷には、ほかの裁判所にある証言台や被告人席がありません。これは、最高裁判所の審理では、高等裁判所までの裁判手続きや判決内容に、憲法や法令の違反がないかを判断することが中心となり、証人や被告人から話をきくことがないからです。

写真提供：最高裁判所

A 吹きぬけ
天井の中心にあり、直径約14mの円筒形をしている。大法廷の中央に太陽の光がさしこむよう、二重のガラスばりになっている。床から最上部までの高さは41mある。

B タペストリー
羊毛や絹などを使って絵や模様を織りだした、つづれ織りの壁かけのことで、前の2枚には太陽が、うしろの2枚には月が表現されている。かざりとしてだけではなく、音を吸収する効果がある。

C 裁判官が出入りする扉
裁判官と一般の人たちが出あうことのないようになっている。

D 裁判官席
裁判官のための15の席。大法廷は、最高裁判所の15人の裁判官全員で構成される。

E 書記官席

F G 訴訟関係人の席
その裁判にかかわっている人がすわる席。刑事裁判の場合、Fに弁護人が、Gに検察官がすわる。民事裁判の場合はFに上告人、Gに被上告人（上告された人）がすわる。

H 傍聴人席
傍聴人のための166の席。

❷ 小法廷

最高裁判所で審理される事件のすべては、最初に小法廷で審理されます。ほとんどの事件は、小法廷での審理で裁判は終了となります。

写真提供：最高裁判所

I 裁判官が出入りする扉
J 裁判官席
　裁判官のための5の席
K 書記官席

L M 訴訟関係人の席
　その裁判にかかわっている人がすわる席。刑事裁判の場合、**L** に弁護人が、**M** に検察官がすわる。民事裁判の場合は **M** に上告人、**L** に被上告人（上告された人）がすわる。

N 傍聴人席
　傍聴人のための48席。

もっとくわしく　最高裁判所の旧庁舎

旧司法制度での最高裁判所にあたる「大審院」の庁舎は、第二次世界大戦中の空襲によって外壁をのぞくすべてがやけてしまった。戦後、日本国憲法が施行され、司法制度もかわり、大審院が「最高裁判所」となると、大審院の庁舎を修復して使用することになった。こうして1949年、旧最高裁判所庁舎（→P41）が完成した。

旧最高裁判所の大法廷ではじめておこなわれた公判で席についた判事たち。
写真：近現代PL／アフロ

大法廷の手前には大ホールがあります。

最高裁判所では、一部について見学ツアーをおこなっています。また、裁判所では唯一の図書館があります。

❸ 大ホール

正面玄関を入り、階段をあがると、幅18m、奥行き49.5mの大ホールがあります。大ホールには建築にあたってすえられた定礎石（基礎となる石）がうめこまれ、建物が完成した年（1974年）が記されています。

写真：最高裁判所

❹ 『椿咲く丘』の像

富永直樹氏の作による、大ホールにある『椿咲く丘』の像。椿の花が咲く丘のベンチに、男の子と女の子がならんですわり、そこに鳩が集まってきている風景。平和への願いがこめられています。　写真：最高裁判所

❺ 『正義』の像

圓鍔勝三氏の作による、大ホールにある『正義』の像。ギリシャ神話の法の女神「テミス」をもとにつくられ、右手には「公平な裁判で正義を実現するという強い意思」をあらわす剣、左手には「公平と平等」をあらわす天秤をもっている。

写真：最高裁判所

❻ 図書館

最高裁判所図書館は、裁判所では唯一の図書館です。全国の裁判所に対して裁判に必要な資料を提供するほか、国立国会図書館の司法部門の支部図書館としての機能もある、法律専門図書館です。

蔵書は、裁判事務に必要な国内外の法令集や判例集、解説書、論文集、雑誌などの法律専門書が中心ですが、裁判事務に関連する周辺諸科学の分野のものもあります。

写真：最高裁判所

写真：最高裁判所

所蔵冊数は、和図書約17万冊、洋図書約10万冊、計約27万冊とされています。

最高裁判所を見学するには

最高裁判所では、大法廷などを見学できるツアーを実施している。ツアーは見学の目的や人数に応じてさまざまなコースがあり、コースごとに見学時間や申込条件がことなる。見学可能日は、祝日をのぞく毎週月、火、木、金曜日（都合により実施しない日もある）で、見学には事前に予約が必要となる。

〒102-8651　東京都千代田区隼町4番2号

☎ 03-3264-8151

（最高裁判所広報課、庁舎見学専用ダイヤル）

※月〜金曜日の9〜17時

「赤れんが棟」とよばれる、法務省旧本館をみてみましょう。

見学！ 赤れんが棟

1895年に完成した司法省庁舎（法務省旧本館）は、地上3階建ての建物です。

❶ 法務省旧本館（赤れんが棟）

資料提供：法務図書館

資料提供：法務省

司法省の庁舎（赤れんが棟）は、ドイツの建築家エンデとベックマンによって、ドイツ・ネオバロック様式で設計されました。1888年に着工され、1895年に完成しました。赤れんが棟は、関東大震災ではほとんど被害を受けませんでしたが、1945年の戦災により、れんが壁とれんが床を残して消失しました。戦後、1950年までに改修され、その後法務省本館として使用されてきました。1994年に創建当時の姿に復原され、外観は国の重要文化財に指定されています。現在も一部は法務省の部署がおかれ、法務史料展示室・メッセージギャラリーは、一般公開されています。

さまざまな展示があります。

❷ メッセージギャラリー

裁判員制度など、司法制度などに関する広報テーマについて展示をしています。

資料提供：法務図書館

❸ 法務史料展示室

旧司法大臣官舎大食堂を復原した展示室。明治初期の司法の近代化に関する法務史料、法務省の沿革についての史料などを展示しています。

資料提供：法務図書館

法務史料展示室・メッセージギャラリー

法務省の赤れんが棟には、法務史料展示室がある。復原室（旧司法大臣官舎大食堂）と、それに続くれんが壁の残る部屋などからなり、「司法の近代化」と「建築の近代化」に関する史料を展示している。メッセージギャラリーは、赤れんが棟の改修・復原に使用された建築史料の展示や法務省の重要な広報テーマについて展示をおこなっている。現在は裁判員制度などに関するパネルなどを展示しているほか、ビデオを見たりクイズに挑戦したりすることができる。

見学できるのは平日の10～18時（入室は17時30分まで）までで、10人以上の団体での見学は、事前の申し込みが必要。

〒100-8977
東京都千代田区霞が関1-1-1　法務省赤れんが棟
☎03-3592-7911

世界の最高裁判所

世界の最高裁判所は、国によって機能はさまざまです。また、国連にも、国家間の紛争を裁判によって解決をはかる裁判所があります。

❶ イギリス

所在地はロンドン。2009年に議会から独立した最終審としてはじめて設置された。イギリスに憲法典がないため違憲立法審査権はないが、条約などに対する法律の適合性について審査できる。

❷ カナダ

所在地はオタワ。1949年に最終審の機能をもった。憲法判断をおこなうほか、政府の諮問機関として政府の要請に応じて法的問題に関する見解を発表する機能もある。

❸ アメリカ

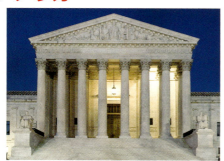

所在地はワシントンD.C.。連邦法や州法、行政府の行為が合衆国憲法に合致しているかを判断する違憲審査権をもつ。この裁判所によって違憲と判断された法令などは無効になる。

❹ ブラジル

所在地はブラジリア。違憲審査権をもっており、立法府や行政府の行為が憲法に違反していないかを判断する権限をもつ国内唯一の機関である。

❺ 国際司法裁判所

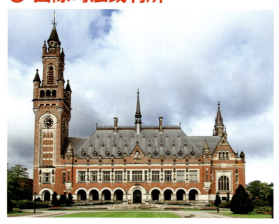

所在地はオランダのハーグ。国連の司法機関として1946年に活動を開始。国際司法裁判所のある平和宮は、長らく続いた戦争に対して反対を表明する平和運動の一環として建設を開始し、1913年に完成した。

資料編

資料編49〜51ページでは、日本国憲法のうち本文中のマークで示した条文などを紹介しています（条文のなかでいくつか項目がある場合は、該当する項目のみ）。条文では第1項に「1」の番号はふられていませんが、この本ではわかりやすくするために「1項」と表記しています。なお、旧かなづかいは現代かなづかいにあらためてあります。

❶本文で登場する日本国憲法条文

日本国憲法前文

　日本国民は、正当に選挙された国会における代表者を通じて行動し、われらとわれらの子孫のために、諸国民との協和による成果と、わが国全土にわたって自由のもたらす恵沢を確保し、政府の行為によって再び戦争の惨禍が起ることのないようにすることを決意し、ここに主権が国民に存することを宣言し、この憲法を確定する。そもそも国政は、国民の厳粛な信託によるものであって、その権威は国民に由来し、その権力は国民の代表者がこれを行使し、その福利は国民がこれを享受する。これは人類普遍の原理であり、この憲法は、かかる原理に基くものである。われらは、これに反する一切の憲法、法令及び詔勅を排除する。

　日本国民は、恒久の平和を念願し、人間相互の関係を支配する崇高な理想を深く自覚するのであって、平和を愛する諸国民の公正と信義に信頼して、われらの安全と生存を保持しようと決意した。われらは、平和を維持し、専制と隷従、圧迫と偏狭を地上から永遠に除去しようと努めている国際社会において、名誉ある地位を占めたいと思う。われらは、全世界の国民が、ひとしく恐怖と欠乏から免かれ、平和のうちに生存する権利を有することを確認する。

　われらは、いずれの国家も、自国のことのみに専念して他国を無視してはならないのであって、政治道徳の法則は、普遍的なものであり、この法則に従うことは、自国の主権を維持し、他国と対等関係に立とうとする各国の責務であると信ずる。

　日本国民は、国家の名誉にかけ、全力をあげてこの崇高な理想と目的を達成することを誓う。

第1章　天皇

第1条〔天皇の地位と主権在民〕
　天皇は、日本国の象徴であり日本国民統合の象徴であって、この地位は、主権の存する日本国民の総意に基く。

第6条〔天皇の任命行為〕
2　天皇は、内閣の指名に基いて、最高裁判所の長たる裁判官を任命する。

第2章　戦争の放棄

第9条〔戦争の放棄と戦力及び交戦権の否認〕
1　日本国民は、正義と秩序を基調とする国際平和を誠実に希求し、国権の発動たる戦争と、武力による威嚇又は武力の行使は、国際紛争を解決する手段としては、永久にこれを放棄する。
2　前項の目的を達するため、陸海空軍その他の戦力は、これを保持しない。国の交戦権は、これを認めない。

第3章　国民の権利及び義務

第11条〔基本的人権〕
　国民は、すべての基本的人権の享有を妨げられない。この憲法が国民に保障する基本的人権は、侵すことのできない永久の権利として、現在及び将来の国民に与えられる。

第12条〔自由及び権利の保持義務と公共福祉性〕
　この憲法が国民に保障する自由及び権利は、国民の不断の努力によって、これを保持しなければならない。又、国民は、これを濫用してはならないのであって、常に公共の福祉のためにこれを利用する責任を負う。

第13条〔個人の尊重と公共の福祉〕
　すべて国民は、個人として尊重される。生命、自由及び幸福追求に対する国民の権利については、公共の福祉に反しない限り、立法その他の国政の上で、最大の尊重を必要とする。

第14条〔平等原則、貴族制度の否認及び栄典の限界〕
1　すべて国民は、法の下に平等であって、人種、信条、性別、社会的身分又は門地により、政治的、経済的又は社会的関係において、差別されない。
2　華族その他の貴族の制度は、これを認めない。
3　栄誉、勲章その他の栄典の授与は、いかなる特権も伴わ

ない。栄典の授与は、現にこれを有し、又は将来これを受ける者の一代に限り、その効力を有する。

第15条〔公務員の選定罷免権、公務員の本質、普通選挙の保障及び投票秘密の保障〕

1 公務員を選定し、及びこれを罷免することは、国民固有の権利である。
2 すべて公務員は、全体の奉仕者であって、一部の奉仕者ではない。
3 公務員の選挙については、成年者による普通選挙を保障する。
4 すべて選挙における投票の秘密は、これを侵してはならない。選挙人は、その選択に関し公的にも私的にも責任を問われない。

第19条〔思想及び良心の自由〕

思想及び良心の自由は、これを侵してはならない。

第20条〔信教の自由〕

1 信教の自由は、何人に対してもこれを保障する。いかなる宗教団体も、国から特権を受け、又は政治上の権力を行使してはならない。
2 何人も、宗教上の行為、祝典、儀式又は行事に参加することを強制されない。
3 国及びその機関は、宗教教育その他いかなる宗教的活動もしてはならない。

第21条〔集会、結社及び表現の自由と通信秘密の保護〕

1 集会、結社及び言論、出版その他一切の表現の自由は、これを保障する。

第22条〔居住、移転、職業選択、外国移住及び国籍離脱の自由〕

1 何人も、公共の福祉に反しない限り、居住、移転及び職業選択の自由を有する。

第23条〔学問の自由〕

学問の自由は、これを保障する。

第25条〔生存権及び国民生活の社会的進歩向上に努める国の義務〕

1 すべて国民は、健康で文化的な最低限度の生活を営む権利を有する。
2 国は、すべての生活部面について、社会福祉、社会保障及び公衆衛生の向上及び増進に努めなければならない。

第26条〔教育を受ける権利と受けさせる義務〕

1 すべて国民は、法律の定めるところにより、その能力に応じて、ひとしく教育を受ける権利を有する。
2 すべて国民は、法律の定めるところにより、その保護する子女に普通教育を受けさせる義務を負う。義務教育は、これを無償とする。

第27条〔勤労の権利と義務、勤労条件の基準及び児童酷使の禁止〕

1 すべて国民は、勤労の権利を有し、義務を負う。

第29条〔財産権〕

1 財産権は、これを侵してはならない。

第30条〔納税の義務〕

国民は、法律の定めるところにより、納税の義務を負う。

第32条〔裁判を受ける権利〕

何人も、裁判所において裁判を受ける権利を奪われない。

第33条〔逮捕の制約〕

何人も、現行犯として逮捕される場合を除いては、権限を有する司法官憲が発し、且つ理由となっている犯罪を明示する令状によらなければ、逮捕されない。

第34条〔抑留及び拘禁の制約〕

何人も、理由を直ちに告げられ、且つ、直ちに弁護人に依頼する権利を与えられなければ、抑留又は拘禁されない。又、何人も、正当な理由がなければ、拘禁されず、要求があれば、その理由は、直ちに本人及びその弁護人の出席する公開の法廷で示されなければならない。

第35条〔侵入、捜索及び押収の制約〕

1 何人も、その住居、書類及び所持品について、侵入、捜索及び押収を受けることのない権利は、第33条の場合を除いては、正当な理由に基いて発せられ、且つ捜索する場所及び押収する物を明示する令状がなければ、侵されない。
2 捜索又は押収は、権限を有する司法官憲が発する各別の令状により、これを行う。

第36条〔拷問及び残虐な刑罰の禁止〕

公務員による拷問及び残虐な刑罰は、絶対にこれを禁ずる。

第37条〔刑事被告人の権利〕

1 すべて刑事事件においては、被告人は、公平な裁判所の迅速な公開裁判を受ける権利を有する。

第38条〔自白強要の禁止と自白の証拠能力の限界〕

1 何人も、自己に不利益な供述を強要されない。
2 強制、拷問若しくは脅迫による自白又は不当に長く抑留若しくは拘禁された後の自白は、これを証拠とすることができない。
3 何人も、自己に不利益な唯一の証拠が本人の自白である場合には、有罪とされ、又は刑罰を科せられない。

第4章　国会

第43条〔両議院の組織〕

1 両議院は、全国民を代表する選挙された議員でこれを組織する。
2 両議院の議員の定数は、法律でこれを定める。

第64条〔弾劾裁判所〕

1 国会は、罷免の訴追を受けた裁判官を裁判するため、両議院の議員で組織する弾劾裁判所を設ける。
2 弾劾に関する事項は、法律でこれを定める。

第5章　内閣

第67条〔内閣総理大臣の指名〕

1 内閣総理大臣は、国会議員の中から国会の議決で、これを指名する。この指名は、他のすべての案件に先だって、これを行う。

第69条〔不信任決議と解散又は総辞職〕

内閣は、衆議院で不信任の決議案を可決し、又は信任の決議案を否決したときは、十日以内に衆議院が解散されない限り、総辞職をしなければならない。

第6章　司法

第76条〔司法権の機関と裁判官の職務上の独立〕

1 すべて司法権は、最高裁判所及び法律の定めるところにより設置する下級裁判所に属する。
3 すべて裁判官は、その良心に従い独立してその職権を行い、この憲法及び法律にのみ拘束される。

第78条〔裁判官の身分の保障〕

裁判官は、裁判により、心身の故障のために職務を執ることができないと決定された場合を除いては、公の弾劾によらなければ罷免されない。裁判官の懲戒処分は、行政機関がこれを行うことはできない。

第79条〔最高裁判所の構成及び裁判官任命の国民審査〕

1 最高裁判所は、その長たる裁判官及び法律の定める員数のその他の裁判官でこれを構成し、その長たる裁判官以外の裁判官は、内閣でこれを任命する。
2 最高裁判所の裁判官の任命は、その任命後初めて行われる衆議院議員総選挙の際国民の審査に付し、その後十年を経過した後初めて行われる衆議院議員総選挙の際更に審査に付し、その後も同様とする。
5 最高裁判所の裁判官は、法律の定める年齢に達した時に退官する。
6 最高裁判所の裁判官は、すべて定期に相当額の報酬を受ける。この報酬は、在任中、これを減額することができない。

第80条〔下級裁判所の裁判官〕

1 下級裁判所の裁判官は、最高裁判所の指名した者の名簿によって、内閣でこれを任命する。その裁判官は、任期を十年とし、再任されることができる。但し、法律の定める年齢に達した時には退官する。
2 下級裁判所の裁判官は、すべて定期に相当額の報酬を受ける。この報酬は、在任中、これを減額することができない。

第81条〔最高裁判所の法令審査権〕

最高裁判所は、一切の法律、命令、規則又は処分が憲法に適合するかしないかを決定する権限を有する終審裁判所である。

第82条〔対審及び判決の公開〕

1 裁判の対審及び判決は、公開法廷でこれを行う。
2 裁判所が、裁判官の全員一致で、公の秩序又は善良の風俗を害する虞があると決した場合には、対審は、公開しないでこれを行うことができる。但し、政治犯罪、出版に関する犯罪又はこの憲法第三章で保障する国民の権利が問題となっている事件の対審は、常にこれを公開しなければならない。

第10章　最高法規

第97条〔基本的人権の由来特質〕

この憲法が日本国民に保障する基本的人権は、人類の多年にわたる自由獲得の努力の成果であって、これらの権利は、過去幾多の試錬に堪え、現在及び将来の国民に対し、侵すことのできない永久の権利として信託されたものである。

❷用語集 本文中で青字になっている言葉を解説しています。

あ

違憲 いけん ……………………………… 20
国のあり方を決めた憲法に反する法律やおこないであるということ。違憲とされた法律や命令、規則、罰則、行政のおこないは、すべて無効とされる。違憲の一歩手前の状態を「違憲状態」といい、一定期間内に是正されないと「違憲」との意味がある。

遺産 いさん …………………………………… 23
亡くなった人が残した権利や義務、財産のこと。

か

共同被告人 きょうどうひこくにん ………………… 33
一つの事件で、二人以上の被告人がいる場合の、それぞれの被告人のよび方。

刑事施設 けいじしせつ ……………………………… 32
懲役、禁固、拘留の刑罰を受ける人や、逮捕されて勾留される人などを収容する施設。法務省が管轄する。刑務所や少年刑務所、拘置所などがある。

刑事訴訟法 けいじそしょうほう ……………… 28、32
刑事事件について、事件の真相を明らかにし、刑罰法令を適正かつ迅速に適用し、実現するために必要な手続きを定めた法律。1948年に全面改正して定められた。

刑務所 けいむしょ ………………………… 7、23、32
裁判で実刑判決を受けた人が収容される施設。収容により身体の自由をうばうという刑罰（自由刑）をあたえるだけでなく、受刑者の更生や社会への円滑な復帰をめざした矯正もおこなわれる。

現行犯 げんこうはん …………………………… 18
犯罪がおこなわれた現場などで逮捕すること。令状が必要なく、捜査機関ではない一般の人もおこなうことができる。

国事行為 こくじこうい …………………………… 24
主に国の重要なことがらをみとめるためにおこなわれる儀式のこと。天皇の権限が憲法第7条によって、形式的な国事行為に限定されたことに意味があるといわれる。

古事記 こじき …………………………………… 9
現存するなかではもっとも古い日本についての歴史書。712年にまとめられたとされる。上巻、中巻、下巻の3巻からなり、日本の誕生神話から、推古天皇（554〜628年）の時代までの神話や伝説などを記録したもの。

国会議員 こっかいぎいん …………………… 8、20
立法権をもつ国会を構成する議員のこと。国民による直接選挙で選ばれる。衆議院議員475人、参議院議員242人がいる。

さ

再審請求 さいしんせいきゅう …………………… 33
再審とは、通常の裁判手続きで確定した事件について再度の裁判をおこなうこと。再審請求がみとめられるのは、有罪の証拠が偽造されたり変造されたりしたものだったときや、無罪を証明するあらたな証拠が発見されたときなどにかぎられており、これまでにみとめられた例はごくわずか。

少年院送致 しょうねんいんそうち ………………… 39
少年事件で決定する保護処分のうちの一つ。閉鎖的な施設に少年を拘束し、きびしく教育をおこなう。

選挙人名簿 せんきょにんめいぼ ………………… 35
選挙権をもつ人を登録した名簿。市区町村の選挙管理委員会が管理する。選挙権をもっていても、名簿に登録されていなければ、投票できない。登録されるには、「その市区町村に住所をもつ18歳以上の日本国民で、その住民票がつくられた日（他の市区町村からの転入者は転入届をした日）から引き続き3カ月以上、その市区町村の住民基本台帳に記録されている人」などとされる。

相続 そうぞく ……………………………………… 22
だれかが亡くなったときなどに、その人がもっていた権利や義務、財産などを親族などにひきつがせること。

た

大日本帝国憲法 だいにっぽんていこくけんぽう ……… 11
1889年につくられた日本最初の近代憲法。プロシア憲法を参考に、天皇を中心とした体制をしいた。

懲戒 ちょうかい …………………………………… 26
不正・不当な行為に対して、その行為をおこなった人の所属する組織が制裁をあたえること。とくに公職についている人が義務違反をおこなった場合に、国または地方公共団体があたえる制裁をいう。

な

日米安全保障条約 にちべいあんぜんほしょうじょうやく … 21
1951年にアメリカと日本で結ばれた条約。日本の安全を守る（保障する）ため、アメリカ軍の日本駐留がみとめられた。1960年、安全保障条約の改定をむかえ、学生や労働者、野党側がはげしい反対闘争をくりひろげるなかで、日本とアメリカ両国の防衛義務を明確にするなどといった、新日米安全保障条約に改定された。

日本国憲法 にほんこくけんぽう
…6、10、11、12、15、16、18、19、20、21、26、27、28、33、43

1946年に大日本帝国憲法を改正してつくられた、現在の日本の憲法。「国民主権」「基本的人権の尊重」「平和主義」を三大原理として、前文と103の条文からなる。

日本司法支援センター（法テラス）
にほんしほうしえんせんたー（ほうてらす）……19

「全国どこにいてもトラブルの解決に必要な情報やサービスの提供を受けられるように」との考えにもとづき設立された、法務省が管轄する総合法律支援機関。2006年に開設された。「法テラス」は愛称。市民からの相談に対して、解決に役立つ制度や機関の案内などをおこなう。

日本書紀 にほんしょき……9

720年にまとめられた日本の歴史書。約30巻からなり、日本の誕生神話から、持統天皇（645～702年）までの神話や伝説などを記録したもの。

は

分限裁判 ぶんげんさいばん……26

裁判官の免職または懲戒に関しておこなわれる裁判。

辺野古沖米軍基地建設問題
へのこおきべいぐんきちけんせつもんだい……6

沖縄県宜野湾市にあるアメリカ軍（米軍）の普天間飛行場の移設先とされる、同県名護市辺野古沖の埋め立てをめぐり、反対する沖縄県側と、移設を進める国側が対立している問題。

傍聴人 ぼうちょうにん……23

会議や裁判などで、その内容を聞く人のこと。公開されている裁判では、だれでも傍聴することができる。

保護観察 ほごかんさつ……39

少年事件で決定する保護処分のうちの一つ。保護観察官や保護司の指導・監督のもとで、家庭生活や社会生活のなかでの更生を目指すもの。

ま

門地 もんち……12

出身地のこと。ばく然とした家柄や社会階層などのこともふくむ。

さくいん

2〜48ページに出てくる言葉をのせています。

あ

- 赤れんが棟 あかれんがとう……46、47
- 新しい人権 あたらしいじんけん…15
- 違憲 いけん…………………2、20
- 違憲状態 いけんじょうたい………2
- 違憲立法審査権
  いけんりっぽうしんさけん…7、20、21
- 慰謝料 いしゃりょう……………23
- 1票の格差 いっぴょうのかくさ
  ……………………………2、3
- 疑わしきは罰せず
  うたがわしきはばっせず………30
- 営業の自由 えいぎょうのじゆう…12、16

か

- 下級裁判所 かきゅうさいばんしょ
  ……………………22、24、25
- 学問の自由 がくもんのじゆう……12
- 家事裁判 かじさいばん……………23
- 家事事件 かじじけん………………38
- 家事審判 かじしんぱん……23、38
- 家庭裁判所 かていさいばんしょ
  ……………………22、38、39
- 科料 かりょう………………………32
- 簡易裁判所 かんいさいばんしょ…22
- 簡易裁判所判事
  かんいさいばんしょはんじ………25
- 環境権 かんきょうけん……12、14、15
- 起訴 きそ…………19、28、29、30、37
- 基本的人権 きほんてきじんけん
  …10、11、12、14、16、18、20、26、27
- 教育の義務 きょういくのぎむ……13
- 教育を受ける権利
  きょういくをうけるけんり………13

- 行政権 ぎょうせいけん………3、20
- 強制執行 きょうせいしっこう……37
- 行政府 ぎょうせいふ………20、21、26
- 禁固 きんこ…………………………32
- 勤労の義務 きんろうのぎむ……13
- 盟神探湯 くが（か）たち…………9
- 警察 けいさつ………………18、28、29
- 刑事裁判 けいじさいばん
  ……………………23、28、30、34
- 刑事事件 けいじじけん…18、22、23
- 刑罰 けいばつ
  ……7、23、30、31、32、33、35、39
- 原告 げんこく………………………37
- 検察 けんさつ…………18、28、29、30
- 検察官 けんさつかん
  ……………………24、28、29、30、31
- 合議事件 ごうぎじけん……………25
- 公共の福祉 こうきょうのふくし
  ………………………………16、17
- 公権力 こうけんりょく…6、12、17、21
- 控訴 こうそ…………………………22
- 高等裁判所 こうとうさいばんしょ
  ……………………………22、42
- 高等裁判所長官
  こうとうさいばんしょちょうかん…25
- 行動の自由 こうどうのじゆう……9
- 幸福追求権 こうふくついきゅうけん
  ……………………………12、15、20
- 勾留 こうりゅう……………………28
- 拘留 こうりゅう……………………32
- 国選弁護人 こくせんべんごにん……19
- 国民主権 こくみんしゅけん………10
- 国民審査 こくみんしんさ…………24
- 国会 こっかい………2、3、8、20、27

さ

- 最高裁判所（最高裁）
  さいこうさいばんしょ（さいこうさい）
  …2、3、20、21、22、24、25、27、33、36、40、42、43、44、45、48
- 財産権 ざいさんけん
  ……………………6、11、12、14、21
- 裁判 さいばん
  …6、7、8、9、10、19、20、21、22、23、25、26、27、29、35、37、38、44
- 裁判員裁判 さいばんいんさいばん
  ……………………………34、35
- 裁判員制度 さいばんいんせいど
  ……………………34、35、46、47
- 裁判官 さいばんかん
  …7、8、18、20、24、25、26、27、28、30、31、34、35、37、42
- 裁判官の身分保障
  さいばんかんのみぶんほしょう……26
- 裁判所 さいばんしょ
  …3、6、7、10、14、15、17、19、20、21、22、23、37、38、42、44、48
- 裁判の公開 さいばんのこうかい…27
- 三権分立 さんけんぶんりつ…3、7、21
- 三審制 さんしんせい………………22
- 参審制 さんしんせい………………34
- 参政権 さんせいけん………13、21
- 三大義務 さんだいぎむ……………13
- 三大権利 さんだいけんり…………13
- 死刑 しけい……………………32、33
- 事後法の禁止 じごほうのきんし…9
- 事実認定 じじつにんてい…………8
- 自然権 しぜんけん…………………11
- 私選弁護人 しせんべんごにん……19

思想・良心の自由
　　しそう・りょうしんのじゆう…12、26
執行猶予 しっこうゆうよ………32
執行力 しっこうりょく………7
司法 しほう………………6、20
司法権 しほうけん
　　………3、6、8、10、14、20、21
司法試験 しほうしけん………25、31
司法修習 しほうしゅうしゅう…25、31
司法省 しほうしょう……………46
集会・結社の自由
　　しゅうかい・けっしゃのじゆう
　　………………………11、12、14
終審裁判所 しゅうしんさいばんしょ…21
上告 じょうこく………………22
上訴 じょうそ…………22、35、37
証人 しょうにん………6、27、35、37
少年 しょうねん………………39
少年事件 しょうねんじけん………38
少年審判 しょうねんしんぱん……23
小法廷 しょうほうてい……24、42、43
職業選択の自由
　　しょくぎょうせんたくのじゆう…12、21
職権の独立 しょっけんのどくりつ…26
信教の自由 しんきょうのじゆう…11、12
人権 じんけん
　　…10、11、12、14、15、16、17、20、22、26
審判 しんぱん……………23、38
推定無罪 すいていむざい………30
静穏にくらす自由
　　せいおんにくらすじゆう……14、17
生存権 せいぞんけん……………13
選挙権 せんきょけん…2、13、21、39
戦争放棄 せんそうほうき………10

た
大審院 だいしんいん……………43
逮捕 たいほ………18、28、29、31
大法廷 だいほうてい……24、42、45
弾劾裁判 だんがいさいばん…20、26
単独事件 たんどくじけん………25
地方裁判所 ちほうさいばんしょ…22
懲役 ちょうえき…………………32
長官（最高裁判所）
　　ちょうかん（さいこうさいばんしょ）
　　…………………20、24、42
調停 ちょうてい…………………38

な
内閣 ないかく………3、20、24、25
日本国憲法 にほんこくけんぽう
　　…2、3、6、10、11、12、15、16、18、
　　19、20、21、26、27、28、33
納税の義務 のうぜいのぎむ……13

は
陪審制 ばいしんせい……………34
罰金 ばっきん………………7、32
判決 はんけつ
　　…7、8、9、26、30、31、32、33、34、
　　35、37
判事 はんじ……………………25
判事補 はんじほ……………25、31
被疑者 ひぎしゃ
　　……7、18、19、23、28、29、30、31
被告 ひこく……………………37
被告人 ひこくにん
　　………19、23、27、28、30、31、37
秘密接見 ひみつせっけん………19

表現の自由 ひょうげんのじゆう
　　…………………11、12、14、17
平等権 びょうどうけん………12、21
不起訴処分 ふきそしょぶん……29
プライバシー権 ぷらいばしーけん
　　………………………12、15
弁護士 べんごし
　　………………19、24、31、33、36
弁護人 べんごにん………19、30、31
法の下の平等 ほうのもとのびょうどう
　　………………………………2
法務省 ほうむしょう…………46、47
法律 ほうりつ
　　………6、8、9、11、17、20、21、28
保釈 ほしゃく…………………30
没収 ぼっしゅう………………32
本人訴訟 ほんにんそしょう……36

ま
民事裁判 みんじさいばん…23、36、37
民事事件 みんじじけん……22、23
民事責任 みんじせきにん………23
名誉権 めいよけん…………12、14
黙秘権 もくひけん……………18

や
有権者 ゆうけんしゃ……………2、3

ら
立法権 りっぽうけん…………3、20
立法府 りっぽうふ……………20、21
令状 れいじょう………………28
令状主義 れいじょうしゅぎ………28

■監修
山根 祥利（やまねよしかず）

成蹊大学政治経済学部卒業。1978年、弁護士登録（東京弁護士会）。山根法律総合事務所所長。2004年4月より成蹊大学法科大学院（実務家）教授に就任。主な著書・監修に『Q&Aジュニア法律相談』全7巻（岩崎書店、2004年）、『子供の疑問に答える 先生のための気になる法律相談』（学事出版、2007年）、『28の用語でわかる！ 裁判なるほど解説』（フレーベル館、2009年）。

■著
平塚 晶人（ひらつかあきひと）

東北大学法学部卒業。リクルート、光文社を経て、1996年よりフリーランスライター。人物取材ほか、スポーツ、アウトドア関連等の記事を雑誌に執筆。Numberスポーツノンフィクション新人賞受賞（文藝春秋、1996年）。2015年、弁護士登録（第二東京弁護士会）。新東京総合法律事務所所属。主な著書に『地図の読み方』（小学館、1998年）、『さくらを救え』（文藝春秋、2001年）、『二人のアキラ』（ヤマケイ文庫、2015年）。

■編集・デザイン／こどもくらぶ（木矢恵梨子、石井友紀）
あそび・教育・福祉分野で、毎年100タイトルほどの児童書を企画・編集している。

この本の情報は、2017年1月現在のものです。

■制作
株式会社エヌ・アンド・エス企画

■イラスト
中村智子

■写真協力（敬称略）
表 紙：（上）最高裁判所
　　　（下左）法務省
　　　（下中央）最高裁判所
　　　（下右）AP/アフロ

P48：（右上）© Sfagnan ¦ Dreamstime.com
P48：（中段右）© Juan Camilo Bernal ¦ Dreamstime.com
P48：（右下）© Digikhmer ¦ Dreamstime.com
P48：（左下）© Swisshippo ¦ Dreamstime.com

今こそ知りたい！ 三権分立 ③ 司法権ってなんだろう　　NDC323

2017年3月30日	初版発行
2019年7月30日	2刷発行
監　修	山根祥利
著　者	平塚晶人
発行者	山浦真一
発行所	株式会社あすなろ書房　〒162-0041　東京都新宿区早稲田鶴巻町551-4
	電話　03-3203-3350（代表）
印刷所	凸版印刷株式会社
製本所	凸版印刷株式会社

©2017　Yamane Yoshikazu, Hiratsuka Akihito
Printed in Japan

56p／31cm
ISBN978-4-7515-2883-9